Kassel Verein für Naturkunde

Bericht des Vereins für Naturkunde zu Kassel

Kassel Verein für Naturkunde

Bericht des Vereins für Naturkunde zu Kassel

ISBN/EAN: 9783743463721

Hergestellt in Europa, USA, Kanada, Australien, Japan

Cover: Foto ©berggeist007 / pixelio.de

Manufactured and distributed by brebook publishing software
(www.brebook.com)

Kassel Verein für Naturkunde

Bericht des Vereins für Naturkunde zu Kassel

XXXIX.

Bericht

des

Vereins für Naturkunde
zu Kassel

über

die Vereinsjahre 1892—94.

Erstattet vom zeitigen Geschäftsführer.

Nebst 6 Abhandlungen.

	Seite
1) Die landeskundliche Litteratur für Hessen. Fünfter Nachtrag. Von Oberrealschuldirektor Dr. Karl Ackermann	1
2) Beobachtungen an dem Blattfloh Trioza alacris Flor und den von demselben an den Blättern von Laurus nobilis L. hervorgerufenen Missbildungen. Von Professor Dr. H. F. Kessler	19
3) Drei kleine entomologische Abhandlungen. Von demselben.	26
I. Einige Beobachtungen aus der Entwicklungsgeschichte von Psylla fraxini L. Eschen-Blattfloh.	26
II. Bruchstücke aus der Entwicklungsgeschichte von Trypeta cardui L. Distel-Bohrfliege. (Mit 1 Tafel Abbildungen.)	28
III. Die Entwicklungs- und Lebensgeschichte von Pemphigus lonicerae Hrt., Aphis xylostei De Geer, Geisblatt-Wolllaus.	30
4) Über kämpfende Käfermännchen. Von Dr. med. L. Weber	35

Kassel 1894.

Druck von L. Döll.

XXXIX.

Bericht

des

Vereins für Naturkunde
zu Kassel

über

die Vereinsjahre 1892—94.

Erstattet vom zeitigen Geschäftsführer.

Nebst 6 Abhandlungen.

		Seite
1)	Die landeskundliche Litteratur für Hessen. Fünfter Nachtrag. Von Oberrealschuldirektor Dr. Karl Ackermann	1
2)	Beobachtungen an dem Blattfloh Trioza alacris Flor und den von demselben an den Blättern von Laurus nobilis L. hervorgerufenen Missbildungen. Von Professor Dr. H. F. Kessler	19
3)	Drei kleine entomologische Abhandlungen. Von demselben.	26
	I. Einige Beobachtungen aus der Entwicklungsgeschichte von Psylla fraxini L. Eschen-Blattfloh.	26
	II. Bruchstücke aus der Entwicklungsgeschichte von Trypeta cardui L. Distel-Bohrfliege. (Mit 1 Tafel Abbildungen.)	28
	III. Die Entwicklungs- und Lebensgeschichte von Pemphigus lonicerae Hrt., Aphis xylostei De Geer, Geisblatt-Wolllaus.	30
4)	Über kämpfende Käfermännchen. Von Dr. med. L. Weber	35

Kassel 1894.

Druck von L. Döll.

I.
Bericht
über den Gang des Vereinslebens.

A. Innere und äussere Angelegenheiten.

Der Bericht, den ich hiermit zu erstatten mich beehre, erstreckt sich auf die Zeit vom 1. Oktober 1892 bis zum 31. März 1894.

Die Vereinssitzungen fanden statutengemäss am zweiten Montag eines jeden Monats und zwar wie bisher abends 6 Uhr in unserem Sitzungszimmer im Königl. Naturalienmuseum (Steinweg 2) statt.

Eine Ausnahme hiervon trat dadurch ein, dass ein Experimentalvortrag, der in der Sitzung vom 12. Februar 1893 gehalten wurde, in dem physikalischen Lehrzimmer der Oberrealschule stattfand, das der Direktor dieser Anstalt, Herr Dr. Ackermann, unser Ehren- und Vorstandsmitglied, gütigst zur Verfügung gestellt hatte. Wir versäumen nicht auch an dieser Stelle hierfür unsern Dank zu sagen. Endlich wurde am 15. April 1893 die Generalversammlung in einem Saale des Hotel Schirmer abgehalten.

Wie auch früher, gaben Vorträge und Mittheilungen aus den Gebieten der exakten und der beschreibenden Naturwissenschaften, sowie Vorlagen aus allen Naturreichen vielseitige Belehrung und Anregung.

Durch die freundliche Einladung des Hessischen Bezirksvereins deutscher Ingenieure zu seiner Sitzung vom 16. März 1894, die im grossen Stadtparksaale stattfand, wurde es den Mitgliedern unseres Vereines ermöglicht, dem Experimentalvortrag beizuwohnen, den Herr Dr. Zickermann, Ingenieur der Firma Siemens & Halske, Berlin, hielt. Der Vortragende projizirte den Lichtbogen bei Gleichstrom und Wechselstrom, zeigte die Einwirkung des Magnetismus auf den Lichtbogen, besprach die Schweissapparate, die auf einer Anwendung dieser Einwirkung beruhen und schweisste Eisenstücke nach dem System von Lagrange und Hoholı zusammen. Für die uns in diesem Vortrage gebotenen interessanten Vorführungen verfehlen wir nicht hier nochmals dem Hessischen Bezirksverein deutscher Ingenieure unseren aufrichtigen Dank auszusprechen.

Die Vereinssitzungen wurden durchschnittlich von 16 Mitgliedern und 3 Gästen besucht. Die Anzahl der anwesenden Mitglieder schwankte zwischen 20 und 8, die der Gäste zwischen 9 und 0.

Von hervorragender Bedeutung war die Sitzung vom 12. Februar 1894, weil in ihr dem Senior des Vereins, unserem Ehrenmitglied Herrn Prof. Dr. Hermann Kessler anlässlich seiner 50jährigen Mitgliedschaft eine kalligraphisch ausgeführte Glückwunsch-Adresse überreicht werden konnte, welche die hohen Verdienste des Jubilars um das wissenschaftliche Leben des Vereins würdigte, in ihm den treuen Hüter unserer Bücherschätze feierte und die besten Wünsche für die Gesundheit und Rüstigkeit des greisen Jubilars ausdrückte.

Neben diesem freudigen und erhebenden Ereignisse hatte aber der Verein leider den Tod einer Reihe von Mitgliedern zu beklagen, deren Namen weiter unten angeführt sind.

Den **Vorstand** bildeten:
Direktor: Ober-Staatsanwalt Geh. Ober-Justizrath Bartels,
Geschäftsführer: Oberlehrer Dr. Fennel,
Rechnungsführer: Generalarzt a. D. Dr. Lindner,
Bibliothekare: Prof. Dr. Kessler und prakt. Arzt Dr. Weber.
Weitere Vorstandsmitglieder:
Oberrealschuldirektor Dr. Ackermann,
Generalarzt I. Cl. a. D. Dr. Loewer.

Wir können wiederum berichten, dass uns der Landesausschuss für den Regierungsbezirk Kassel für das Jahr 1892 und 1893 Beihülfen von je 300 Mark gütigst gewährte und dass auch die städtischen Behörden der Residenz uns eine einmalige Beihülfe von 100 Mark bewilligten. Wir geben von diesen Zuwendungen mit den Gefühlen aufrichtigsten Dankes Kenntnis.

Am 4. Mai 1893 feierte die hiesige Oberrealschule ihr 50jähriges Bestehen. Ueber 40 Jahre hindurch hatten die Sammlungen und die Bibliothek unseres Vereines Aufstellung in den Räumen dieser Anstalt gefunden; ebenso lange waren unsere Sitzungen in dem Gebäude der Oberrealschule abgehalten worden. Neben diesen verknüpfen auch mannigfache persönliche Beziehungen unseren Verein mit dem Lehrkörper der Oberrealschule. Der Verein für Naturkunde wurde deshalb mit einer Einladung zu dem Festakte beehrt, der sich im grossen Stadtparksaale am 4. Mai v. J. feierlich vollzog. Die Abordnung, welche die Glückwünsche unseres Vereins überbrachte, bestand aus den Herren Ober-Staatsanwalt Geh. Ober-Justizrath B a r t e l s, Generalarzt Dr. L i n d n e r, Generalarzt Dr. L o e w e r und Dr. phil. S c h e c k.

Auf den Stiftungsfesten des uns eng befreundeten hiesigen Vereins für naturwissenschaftliche Unterhaltung war unser Verein, abgesehen von einer Reihe von Mitgliedern, durch die Herren Geh. Ober-Justizrath B a r t e l s (14. 1. 93) und Generalarzt Dr. med. L o e w e r (13. I. 94) vertreten, welche die Glückwünsche des Vereins für Naturkunde übermittelten.

Da wir den freundlichen Einladungen auswärtiger Vereine nicht durch die Entsendung von Abordnungen entsprechen konnten, sandten wir Glückwunschschreiben an die Naturforschende Gesellschaft zu Danzig zur Feier ihres 150jährigen Bestehens am 2. Januar 1893, an den Naturhistorischen Verein der preussischen Rheinlande zu Bonn, der am 23. und 24. Mai 1893 sein 50jähriges Bestehen feierte und endlich an die Niederrheinische Gesellschaft für Natur- und Heilkunde zu Bonn, zur Feier ihres 75jährigen Bestehens am 2. Juli 1893.

Der Wittwe des zu Cleve verstorbenen Ehrenmitgliedes Dr. H a s s k a r l wurde ein Beileidsschreiben übersandt.

B. Mitglieder.

Der XXXVIII. Bericht hatte 12 Ehrenmitglieder, 50 korrespondirende und 77 wirkliche Mitglieder aufgeführt. Seit Oktober 1892 hat der Verein den Tod von 6 Mitgliedern zu beklagen. Im November 1892 starb unser korrespondirendes Mitglied Prof. Dr. A i c h h o r n zu Graz, dann wurden im Laufe des Jahres 1893 die wirklichen Mitglieder Generallieutenant Freiherr H e r m a n n von D ö r n b e r g, Fabrikant Carl Gotthelf P a a c k und Hofbuchhändler August F r e y s c h m i d t dahingerafft. Im Januar dieses Jahres verschied unser Ehrenmitglied Dr. Justus Carl H a s s k a r l zu Cleve und endlich im Monat März unser wirkliches Mitglied der Buchdruckereibesitzer Philipp D ö l l. Ein kurzer Lebensabriss der Verblichenen findet sich am Ende dieses Abschnittes.

Wegen Wegzuges von Kassel traten 4 Mitglieder aus der Reihe der wirklichen in die der korrespondirenden über. Es waren dies die Herren A n g e r s b a c h (Frankfurt a. M.), Dr. phil. B l a n c k e n h o r n (Erlangen), P e r i n o (Iserlohn i. W.) und T z s c h u c k e (Torstedt b. Hamburg).

Die Herren Direktor D i e h l s, Zahnarzt H e u c k e r o t h, Bergrath H a n s m a n n († 12. März 1894) und Kaufmann F e r r e s erklärten ihren Austritt.

10 wirkliche Mitglieder wurden aufgenommen. Unter diesen befinden sich 2 Damen. Im 57. Jahre seines Bestehens hatte der Verein mithin zum ersten Male das Vergnügen Damen in den Reihen seiner wirklichen Mitglieder begrüssen zu dürfen. Es traten ein Frau Baronin Helene T a u b e v o n d e r I s s e n geb. Gräfin von Keyserling (14. XI. 92), Fräulein Auguste F ö r s t e r, Inspizientin des Handarbeitsunterrichts an den städt. Schulen (13. XI. 93), Herr Baron Otto T a u b e v o n d e r I s s e n (14. XI. 92), Herr Wilhelm H u n r a t h, Besitzer der Löwenapotheke, (12. XII. 92), Herr Waldemar F a b a r i u s, Stadtbaumeister (13. II. 93), Herr Dr. phil. Heinrich C h r i s t, wissensch. Hülfslehrer (12. VI. 93), Herr Friedrich v o n P e n t z, Generalmajor z. D. (11. XII. 93), Herr Eduard v o n T r e s c k o w, Generalmajor z. D. (12. II. 94), Herr Dr. med. Wilhelm K o o p m a n n, prakt. Arzt (12. III. 94) und Herr Privatmann Heinrich O c h s zu Wehlheiden (12. III. 94).

Der Verein besteht mithin am 31. März 1894 aus 11 Ehrenmitgliedern, 53 korrespondirenden und 75 wirklichen Mitgliedern.

Nekrologe.

Dr. med. et chir. **Siegmund Aichhorn**, Hochschulprofessor und Realschuldirektor, auch Museumsvorstand am Joanneum in Graz, war geb. am 19. November 1814 in Wien. Er studirte an der dortigen Universität Philosophie und Medizin, erwarb sich die akademischen Diplome als Doctor der Medizin und Chirurgie und war von 1839—45 Assistent bei der Lehrkanzel für specielle Naturgeschichte (Mineralogie und Zoologie) an der Universität Wien. 1845 wurde er zum Professor der Naturgeschichte und Geographie an der neuen Realschule in Graz, Ende 1847 zum Professor der Mineralogie und Geognosie am steiermärkischen Joanneum, von 1858 an auch zum Direktor der Oberrealschule ernannt. Er bekleidete diese Stellen bis zur Übergabe der damals landschaftlichen Technischen Hochschule an den Staat im Jahre 1875. Als emeritirter Professor und Direktor versah er aber noch bis 1890 die Stelle eines Vorstandes des Mineralogischen Museums und war gleichzeitig mit der Aufsicht über die botanischen und zoologischen Sammlungen am Joanneum betraut. Am 29. November 1892 erlag er einem Herzschlage. Unserem Vereine gehörte A. als corr. Mitglied seit 1865 an.

Von selbständig erschienenen Schriften A.'s seien hier angeführt: Einleitung in das Studium der Naturgeschichte. 3 Auflagen. Graz 1846, 55 und 62. — Charaktere der höheren systematischen Einheiten des Thierreichs. 1846.— Verz. der Pflanzen, welche im Schulgarten der Realschule gezogen werden. 1847. — Anleitung zur Flächenbezeichnung einfacher Krystallgestalten. 2 Auflagen. 1839, 55. — Das Mineralcabinet am Joanneum. 1855. — Uebersicht der Schausammlungen im Museum. 2 Auflagen 1880, 84. — Geographische Vortheilung des Schiefer-, Schicht- und Massengebirges in Steiermark. 1856. (Vergl. Prof. Joh. Rumpf, Gedenkrede auf A. in Grazer Tagespost vom 17. XII. 92 und in Mitthlg. vom naturw. Ver. für Steiermark 29. Bd. S. 246—261).

Hermann Freiherr **von Dörnberg** wurde zu Obereimer bei Arnsberg als Sohn des damaligen Oberforstmeisters a. D. geboren. Im Kadettenhause zu Berlin vorgebildet, bestand er bereits vor vollendetem siebenzehnten Lebensjahre mit grosser Auszeichnung die Lieutenantsprüfung. Den Feldzug von 1864 machte v. D. als Hauptmann im Grossen Generalstabe mit, den von 1866 als Major im Stabe der 16. Division. Im Kriege 1870/71 führte er als Oberstlieutenant das 5. Rheinische Infanterie-Regiment Nr. 65 und wurde 1876 unter Beförderung zum Generalmajor zum Kommandeur der 22. Infanterie-Brigade ernannt. Seit dem Jahre 1880 lebte er als Pensionär in Kassel. Zahlreiche Ordensauszeichnungen gaben den Beweis, dass seine militärische Tüchtigkeit erkannt und geschätzt wurde. Bei der letzten Anwesenheit Seiner Majestät unseres Kaisers und Königs in Kassel anlässlich der grossen Manöver im Jahre 1891 wurde v. D. der Charakter als Generallieutenant verliehen. Unserem Vereine gehörte er seit dem 8. Juni 1891 an. Wir verloren ihn am 5. April 1893, an welchem Tage er im 64. Lebensjahre nach längerem Leiden verstarb.

(Als Quelle diente ein Nachruf in der Kasseler Allgem. Zeitung.)

Carl Gotthilf **Paack** ist am 24. Mai 1820 zu Kölsa (bei Leipzig) im Reg.-Bez. Merseburg geboren. Nachdem er frühe ins praktische Leben eingetreten war, hat er sich in Leipzig die für seinen Beruf nöthigen theoretischen Kenntnisse erworben, übernahm später die technische Leitung einer Seifen- und Parfümeriefabrik in München und gründete 1860 mit seinem Freunde Carl Rupert hier in Kassel eine derartige Fabrik unter der Firma C. Rupert & Co., welche unter seiner technischen Leitung bei der rastlosen Thätigkeit des so ungemein pflichttreuen Mannes bald zu grosser Leistungsfähigkeit emporgeblüht ist. Nachdem im Jahre 1870 sich sein Theilhaber C. Rupert zur Ruhe gesetzt hatte, hat er die Gesamtleitung übernommen, in welcher er später durch seine Söhne unterstützt wurde. Bei grosser Anspruchslosigkeit für seine Person war er stets bereit in ausgiebigster Weise anderen seine Unterstützung zu weihen und die mannigfachsten gemeinnützigen Unternehmungen zu fördern. Zu diesem Ende war er auch unserem Vereine beigetreten, dem er vom 12. Januar 1874 angehörte bis zu seinem am 5. August 1893 erfolgten Tode, der ihn plötzlich aus seinem arbeitsvollen Leben abrief, nachdem er an diesem Tage noch mit besonderer Frische von früh bis spät in seiner Fabrik geschafft hatte.

August Freyschmidt wurde am 24. August 1823 zu Templin in der Uckermark als der Sohn eines Fabrikanten geboren. Nachdem er das Gymnasium zu Prenzlau besucht hatte, trat er daselbst als Lehrling in eine Buchhandlung ein. Schon als Knabe zeigte er eine grosse Vorliebe für den Buchhandel, für dessen ideale Bedeutung er stets begeistert war. Mit Auszeichnung bestand er die damals in Preussen erforderliche Buchhändlerprüfung, ging nach Bremen und übernahm dann die Leitung der J. J. Bohné'schen Buch- und Kunsthandlung in Kassel, die 1855 durch Kauf in seinen Besitz überging. Unter seiner Firma brachte er die Buchhandlung durch rastlosen Eifer und grosse Umsicht zu neuer Blüthe. Sein Name hatte in der Buchhändlerwelt einen guten Klang. Es erfüllte ihn, den gut monarchisch gesinnten Altpreussen, mit freudigem Stolz, dass unser jetziger Kaiser als Schüler des Friedrichsgymnasiums persönlich seinen Laden wiederholt besuchte und dass sein hoher Gönner ihn zum Königlichen Hofbuchhändler ernannte. Im Freyschmidt'schen Verlag erschienen auch die anerkannt vorzüglichen kurhessischen Generalstabskarten.

Mit vielen Schriftstellern stand der Verblichene in regem schriftlichen und mündlichen Verkehr. Mit Hoffmann von Fallersleben verknüpften ihn enge Freundschaftsbande. In Kassel, das ihm eine zweite Heimath geworden war, erfreute er sich allgemeiner Hochachtung. Am 21. August 1893 starb er nach schweren Leiden im fast vollendeten 70. Lebensjahre. Dem Vereine gehörte er seit dem 11. Mai 1874 an.

(Als Quelle diente ein Nachruf in der Kasseler Allgem. Zeitung.)

Justus Karl Hasskarl wurde am 6. Dezember 1811 in Kassel geboren. Sein Vater war Rechnungs-Probator bei dem Berg- und Salzwerk-Departement, der aber bald als Oberbergamtsrevisor nach Bonn versetzt wurde. Dort besuchte er das Gymnasium, wurde Gärtnerlehrling beim botanischen Garten zu Poppelsdorf, studirte Botanik an der Universität Bonn und wurde schliesslich Demonstrator bei dem botanischen Garten in Poppelsdorf. 1837 ging der unternehmende Botaniker nach Batavia, und bekleidete von 1840—1843 das Amt eines wissenschaftlichen Direktors des botanischen Gartens zu Buitenzorg. Wegen mancherlei Widerwärtigkeiten verliess er den holländischen Dienst und kehrte ohne jede Anerkennung seiner Leistungen und Verdienste nach Deutschland zurück. Hier hielt er sich zunächst in Königswinter auf, später zog er nach Düsseldorf, wo er sich wissenschaftlichen Arbeiten widmete.

Da veranlasste ihn der holländische Kolonialminister Pahud sich wieder in die Dienste Hollands zu begeben, um im Interesse der Kultur einen Plan auszuführen, der ihn zum Wohlthäter der Menschheit machen sollte. Es galt die Cinchone ihrer Andinischen Heimath zu entreissen und sie in Java anzupflanzen. Trotz der üblen Erfahrungen, die H. in holländischen Diensten gemacht hatte, unterzog er sich voller Hingabe dieser schwierigen und grossen Aufgabe.

Unsäglich waren die Mühen, Entbehrungen und ernsten Gefahren, denen der kühne Botaniker auf seiner Reise ausgesetzt war. Als er allen Gefahren siegreich begegnet war und sein Beginnen von Erfolg gekrönt sah, drohten Uebelwollen und Unverstand holländischer Offiziere und Beamten sein Werk zu nichte zu machen. Mit einer nur geringen Anzahl der der so mühselig beschafften Cinchonenstämmchen landete er am 16. Dezember 1854 in Java und legte mit rastlosem Eifer hier den Grund zur Chinakultur*). In demselben Jahre schifften sich seine Gemahlin mit den 4 Töchtern zu Hellevoetlius ein, um sich mit ihm nach seiner gefährlichen Reise in Amerika wieder zu vereinigen. Das sie führende Schiff Hendrika hatte aber das Unglück an der holländischen Küste unterzugehen, und so verlor H. seine ganze Familie. Später hat er sich wieder mit einer Holländerin verheiratet. Die aufreibende Thätigkeit in den Tropen untergrub seine Gesundheit. Er kehrte im Juli 1856 nach Europa zurück und sah sich schliesslich genöthigt seinen Abschied zu erbitten.

Der König von Holland verlieh ihm das Ritterkreuz vom Orden des niederländischen Löwen und das Kommandeurkreuz vom Orden der Eichenkrone. Die Universität Greifswald ernannte H. 1858 zum Doctor philosophiae honoris causa und König Wilhelm I. verlieh ihm 1870 den Kronenorden. Auch von Frankreich und England wurden die Verdienste Hasskarls durch Verleihung goldener Medaillen anerkannt.

---

*) Der Schriftsteller Robert Habs hat dies Unternehmen Hasskarls ausführlich geschildert und gewürdigt und zwar in einem Aufsatze „Eine stille Heldenthat. Gedenkblatt zum 81. Geburtstage Karl Hasskarls." Diese Abhandlung, die auch dem Verf. dieses Nekrologes als Quelle diente, befindet sich im Deutschen Wochenblatt, IV. Jahrgang Nr. 49 vom 3. Dezember 1892.

Am 5. Januar 1894 starb der greise Botaniker zu Cleve. In Anerkennung seiner Verdienste und in Rücksicht darauf, dass er in den Mauern Kassels das Licht der Welt erblickt hatte, wählte der Verein für Naturkunde in seiner Sitzung vom 8. August 1892 Hasskarl zum Ehrenmitgliede. Leider war es uns nicht vergönnt den Verblichenen lange zu den Unsrigen zu zählen, aber wir sind stolz darauf, dass er unserem Vereine angehörte. Ehre seinem Andenken!

Philipp Döll wurde am 16. Juli 1845 als Sohn des Buchdruckers L. Döll zu Kassel geboren. Er besuchte von 1853 an das hiesige Lyceum Fridericianum. Nach dem frühen Tode seines Vaters hatte seine Mutter die Leitung der Buchdruckerei übernommen, der sie jedoch auf die Dauer nicht gewachsen war. Deshalb musste D. bereits 1860 das Gymnasium verlassen und von 1863 an unter dem Beistande der Mutter die Leitung des väterlichen Geschäftes übernehmen. Sein Fleiss und seine Umsicht brachten dasselbe zu grossem Ansehen. Nachdem die Druckerei 50 Jahre hindurch in der Wildemannsgasse betrieben worden war, verlegte sie der Verblichene im Jahre 1892 in ihr jetziges stattliches Heim in der Moltkestrasse. Auch das Kasseler Adressbuch, das seit 1840 in der Döll'schen Buchdruckerei gedruckt wurde, ging 1892 in den eigenen Verlag von Ph. Döll über.

In demselben Jahre begann er seine Thätigkeit auf dem Gebiete des wissenschaftlichen Verlages als Mitbegründer und Theilhaber der Firma Th. G. Fisher & Co., die als ihr erstes bedeutenderes Unternehmen das grosse reichillustrirte, vielversprechende Sammelwerk »Bibliotheca medica«, von dem bis jetzt 6 Bände erschienen sind, herausgiebt.

Allein es sollte dem thatkräftigen, emsigen Manne nicht vergönnt sein, die Früchte seines Fleisses zu geniessen. Mitten in seinem freudigsten Schaffen, mitten in den Aufgaben, die der erweiterte Geschäftsbetrieb ihm stellte, übermannte ihn zum schweren Kummer der Seinen der tückische Tod. Er starb am 5. März 1894 Morgens $7^{1}/_{2}$ Uhr.

Döll gehörte zu den bekanntesten und geachtetsten Männern seiner Vaterstadt. Durch das Vertrauen seiner Mitbürger gehörte er dem ordentlichen Bürgerausschuss der Residenz und mehreren Kommissionen — auch der Stadt-Schul-Deputation — an. In zahlreichen Vereinen, wie z. B. dem Handels- und Gewerbeverein, dem Arbeiter-Fortbildungsverein, der Kasseler Turngemeinde und der Freiwilligen Turnerfeuerwehr nahm er eine hervorragende und führende Stellung ein, denn sie alle hatten in ihm einen eifrigen und treuen Förderer, einen begeisterten Freund ihrer edlen, dem

Wohle der Menschheit gewidmeten Bestrebungen gefunden. Dem Verein für Naturkunde gehörte der Dahingeschiedene seit dem 17. April 1880 an. Sein Andenken werden auch wir stets in Ehren halten.

II.
Verzeichniss der Mitglieder
am 1. April 1894.

a) Ehrenmitglieder.

1) Herr Graf *zu Eulenburg*, Botho, Excellenz, Präsident des Staatsministeriums in Berlin. 1886.
2) „ *v. Hundelshausen*, Eduard, Landesdirektor der Provinz Hessen-Nassau. 1886.
3) „ *Weise*, Emil, Geh. Regierungsrath, Oberbürgermeister a. D. in Freiburg i. Baden. 1876.
4) „ *Ackermann*, Karl, Dr., Direktor der Oberrealschule zu Kassel. 1876. 1891.
5) „ *v Bunsen*, Wilhelm Robert, Dr., Professor, Wirkl. Geheimrath, Excellenz, in Heidelberg. 1837. 1875.
6) „ *Geinitz*, Hans Bruno, Dr., Direktor des königl. mineralogischen und praehistorischen Museums und Geh. Hofrath in Dresden. 1875.
7) „ *Gerland*, Ernst, Dr, Professor an der Bergakademie und Bergschule in Clausthal. 1873. 1888.
8) „ *Kessler*, Hermann Friedrich, Dr., Professor, Oberlehrer a. D. in Kassel. 1844. 1886.
9) „ *Philippi*, Rudolph Amandus, Dr., Professor und Direktor des Museums zu Santiago in Chile. Stifter des Vereins. 1836 1895.
10) „ *Scacchi*, Arcancholo, Dr., Professor in Neapel. 1841. 1891.
11) „ *Zirkel*, Ferdinand, Dr., Professor und Geheimer Bergrath in Leipzig. 1875.

b) Korrespondirende Mitglieder.

1) Herr *Alfermann*, Franz, Dr., Oberstabsarzt, Referent in der Medic. Abtheil. d. Kriegsministeriums. Berlin. 1870.
2) „ *Angersbach*, Adam, Wissensch. Hülfslehrer in Marburg. 1890. 1893.
3) „ *Blanckenhorn*, Max, Dr. phil., Privatdocent in Erlangen. 1890. 1893.
4) „ *Buchenau*, Franz, Dr., Professor, Realschuldirektor in Bremen. 1861.
5) „ *Burkhard*, Professor in Bückeburg. 1845.
6) „ *Claus*, Karl, Dr., Professor und Direktor des zoolog. Institutes, Hofrath in Wien. 1861.
7) „ *Coester*, Fr. Wilh., Regierungsrath in Coblenz. 1879.
8) „ *v. Dankelmann*, Ludwig, Freiherr, Hauptmann a. D, in Bamberg. 1880.

Verzeichniss der Mitglieder.

9) Herr *Dannenberg*, E., Privatmann in Fulda. 1881.
10) „ *Dunker*. F., Geh. Bergrath in Halle a. S. 1855.
11) „ *Ebert*, Theodor, Dr., Landesgeologe in Berlin. 1884.
12) „ *Egeling*, Gustav, Dr., Apothekenbesitzer, Alameda, Cal. U. S. 1880.
13) „ *Fick*, Adolf, Dr., Professor der Physiologie an der Universität zu Würzburg. 1861.
14) „ *Focke*, W. O, Dr. med. in Bremen. 1864.
15) „ *Fulda*, Rudolf, Bergwerksbesitzer zu Schmalkalden. 1881.
16) „ *Geheeb*, Adalbert, Apothekenbesitzer zu Geisa. 1881.
17) „ *Gerland*, Georg, Dr., Professor der Geographie an der Universität zu Strassburg. 1881.
18) „ *Gerland*, Wilh., Dr., Fabrikant zu Church, Lancash., England. 1881.
19) „ *Grimm*, Julius, Hofphotograph zu Offenburg i. B. 1881.
20) „ *Guckelberger*, G., Dr., Rentner in Giessenhagen bei Grossalmerode. 1857.
21) „ *Gundlach*, Johann, Dr., zu Fermina auf Cuba. 1836.
22) „ *v. Hauer*, Franz, Dr., Hofrath und Intendant des K. K. naturhistorischen Hofmuseums zu Wien. 1862.
23) „ *Hebel*, O., Oberlehrer am Gymnasium zu Corbach. 1880.
24) „ *v. Heyden*, Lucas Friedr. Julius Dominicus, Dr., Major z. D., zu Bockenheim. 1881.
25) „ *Holland*, Heinrich, Obersteiger auf Habichtswald 1872.
26) „ *Katharincr*, Sekretär im Ministerium für Landwirthschaft etc. in Berlin. 1890.
27) „ *v. Klipstein*, A., Dr., Professor an der Universität zu Giessen. 1864.
28) „ *Kornhuber*, Andreas., Dr., Professor an der technischen Hochschule zu Wien. 1887.
29) „ *Krauss*, Theodor, Dr., Redakteur der deutschen landwirthschaftlichen Presse in Berlin. 1880.
30) „ *Kretschmer*, Fr., Bergadjunkt zu Zöptau in Mähren. 1881.
31) „ *Lange*, C. Fr. Rudolf, Bergfaktor in Reden bei Saarbrücken. 1884.
32) „ *Lanxi*, Matteo, Dr. math. in Rom. 1887.
33) „ *Ochsenius*, Karl, Dr., Consul a. D. in Marburg. 1861.
34) „ *Peck*, Dr., Custos des Museums in Görlitz.
35) „ *Perino*, Josef, Chemiker, Iserlohn i. W. 1891. 1894.
36) „ *Pfankuch*, Otto, Bergwerksdirektor a. D. in Berlin. 1860.
37) „ *Rathke*, Bernhard, Dr., Prof. an der Universität zu Marburg. 1873.
38) „ *v. Sandberger*, Fridolin, Dr., Professor an der Universität in Würzburg. 1862.
39) „ *Schmiedicke*, Otto, Dr. med., Stabsarzt zu Berlin. 1889. 1891.
40) „ *Schüssler*, Seminarlehrer in Dillenburg.
41) „ *Schwenken*, Berginspektor a. D. zu Homberg. 1865.
42) „ *Seligmann*, G., in Coblenz. 1882.
43) „ *Senoner*, A., Dr., Privatgelehrter zu Wien. 1883.
44) „ *Siegert*, Ferdinand, Dr., Stabsarzt zu Strassburg.
45) „ *Sievers*, Münzverwalter a. D. in Wehlheiden bei Kassel. 1872.
46) „ *Stierlin-Hauser*, Dr. phil., Apotheker zu Rigi-Scheideck. 1892.
47) „ *Stilling*, Jacob, Dr., Prof. a. d. Universität in Strassburg i. E. 1874.
48) „ *Struck*, Karl, Oberlehrer und Custos des Museums in Waren. 1872.
49) „ *Temple*, Rudolf, Assecuranz-Inspektor in Budapest. 1867.
50) „ *Tzschucke*, Hugo, Betriebsführer der Chemischen Fabrik zu Tostedt bei Hamburg. 1891. 1893.
51) „ *Uckermann*, Karl, Dr., wissensch. Hülfslehrer in Marburg. 1890. 1891.
52) „ *Vahl*, Karl, Oberpostdirektor und Geh. Postrath in Potsdam. 1880.
53) „ *Wagner*, Dr., Professor, Oberlehrer a. D. in Fulda. 1849.

c) Wirkliche Mitglieder.

1) Se. Durchlaucht **Prinz Karl von Hanau** in Kassel. 1891.
2) „ „ **Prinz Philipp von Hanau** in Oberurff. 1862. 1886.

3) Herr *Alsberg*, A., Bankier. 1880.
4) „ *Bartels*, Karl, Oberstaatsanwalt, Geh. Oberjustizrath. 1876.
5) „ Graf *v. Berlepsch*, Hans, Schloss Berlepsch bei Witzenhausen. 1871.
6) Herr *Blanckenhorn*, Karl, kgl. Baurath a. D. 1887.
7) „ *Bode*, Adolf. Dr., Medicinalrath und Mitglied des Medicinalcollegiums. 1880.
8) „ *Bodenheim*, Gustav, Fabrikant. 1892.
9) „ *v. Both*, Alexander, Oberstlieutenant z. D. und Bezirks-Kommandeur. 1892.
10) „ *Buhse*, Fritz, Bergwerksdirektor in Torrelavega in Spanien. 1875.
11) „ *v. Carlshausen*, Gustav, Oberstlieutenant z. D. 1891.
12) „ *Casseler Fischerei-Verein*. 1883.
13) „ *Christ*, Heinrich, Dr. phil., wissensch. Hülfslehrer an der Oberrealschule. 1893.
14) „ *Dannenberg*, Adolf, Apotheker und Droguist. 1892.
15) „ *Des Coudres*, Julius, Oberbergrath. 1863.
16) „ *Eysell*, Adolf, Dr., Arzt. 1878.
17) „ *Fabarius*, Waldemar, Stadtbaumeister. 1893.
18) „ *Fennel*, Ludwig, Dr., Oberlehrer an der Oberrealschule. 1887.
19) „ *Fischer*, Felix, Lieutenant a. D., Rittergutsbesitzer zu Freienhagen. 1892.
20) Fräulein *Förster*, Auguste, Inspicientin des Handarbeitsunterrichts an den städtischen Schulen. 1893.
21) Herr *Gerland*, Konrad, Dr. phil., Chemiker, Lehrer zu Accrington, Lancashire, England. 1887.
22) „ *Hecht*, Jacob, Kaufmann. 1880.
23) „ *Hemmann*, Gumal, Dr. phil., Corps-Stabsapotheker. 1891.
24) „ *Hermann*, August, Kaufmann. 1891.
25) „ *Heydenreich*, Heinrich, Oberlehrer am Realgymnasium. 1888.
26) „ *Hoebel*, Ernst, Dr., Prof., Oberlehrer a. d. Neuen Realschule. 1888.
27) „ *Hornstein*, Fr., Dr, Prof., Oberlehrer am Realgymnasium. 1869.
28) „ *Hornthal*, Jacob, Kaufmann. 1876.
29) „ *Hunrath*, Wilhelm, Besitzer der Löwenapotheke. 1892.
30) „ *Ichon*, Wilhelm, Consul a. D. 1890
31) „ *Junghans*, Carl, Oberlehrer an der Oberrealschule. 1889.
32) „ *Kaiserling*, Gustav Adolf, Rentner. 1891.
33) „ *Kessler*, Ferd., Buchhändler. 1884.
34) „ *Knetsch*, Karl, Grosshändler. 1886.
35) „ *Koopmann*, Wilh. Georg Christ., Dr. med., Arzt. 1894.
36) „ *Krisch*, Emil, Dr. med., Oberstabsarzt I. Cl. u. Garnisonarzt. 1891.
37) „ *Kümmell*, Gottfried, Dr. phil. 1889.
38) „ *Kunze*, Hermann, Realgymnasiallehrer. 1888.
39) „ *Lenz*, August, Professor, Custos des Naturalienmuseums. 1858.
40) „ *Lindner*, Gust. Adolf, Dr., Generalarzt a. D. 1883.
41) „ *Löwenbaum*, L., Bankier. 1881.
42) „ *Loewer*, Emil, Dr., Generalarzt I. Cl. a. D. 1889.
43) „ *Lohmann*, A., Dr., Dentist. 1888.
44) „ *Merkelbach*, Wilh., Dr., Oberlehrer an der Oberrealschule. 1880.
45) „ *Nagell*, Wilh., Hofapotheker. 1880.
46) „ *Ochs*, Heinrich, Privatmann, Wehlheiden. 1894.
47) „ *v. Pentz*, Friedrich, Generalmajor z. D. 1894.
48) „ *Rinald*, Victor, Privatmann. 1880.

49) Herr *Rittershaussen*, Aug. Julius, Privatmann. 1880.
50) „ *Röhling*, Joh. Ludwig, Regiments-Thierarzt a. D. 1880.
51) „ *Rost*, Adalbert, Dr., Prof., Oberlehrer am Wilhelmsgymnasium. 1877.
52) „ *Scheck*, Hubert, Dr. phil., Rentner. 1884.
53) „ *Scherff*, Ludwig, Apotheker. 1889.
54) „ *Schläfke*, W., Dr., Arzt. 1880.
55) „ *Schmuch*, Karl, Rechtsanwalt. 1891.
56) „ *Schubert*, Dr., Assistenzarzt. 1890.
57) „ *Schreiber*, Rudolf, Dr. phil., Oberlehrer an der Neuen Realschule. 1892.
58) „ *Schwarzenberg*, Konrad, Dr., Arzt. 1857.
59) „ *Siebert*, Karl, Dr. phil., Besitzer der Engelapotheke. 1891.
60) „ *Speyer*, Otto, Professor. 1875.
61) „ *Suth*, Karl, vereidigter Chemiker. 1890.
62) „ Baron *Taube v. d. Issen*, Otto, Rentner, Wehlheiden. 1892.
63) Frau Baronin *Taube v. d. Issen*, Helene, geb. Gräfin von Keyserling, Wehlheiden. 1892.
64) Herr *v. Tresckow*, Eduard, Generalmajor z. D. 1894.
65) „ *Uhlworm*, Oscar, Dr., Bibliothekar. 1881.
66) „ *Völker*, Karl, Dr. phil., Oberlehrer an der Oberrealschule. 1891.
67) „ *Waitz von Eschen*, Roderich, Dr., Freiherr. 1866.
68) „ *Wallach*, Martin, Rentier. 1880.
69) „ *Wallach*, Moritz, Dr. phil., Grosshändler. 1883.
70) „ *Weber*, Ludwig, Dr. med., Arzt. 1887.
71) „ *v. Wedell*, Hasso, Major a. D. 1891.
72) „ *Wenzel*, Fr. Aug., Corps-Rossarzt. 1880.
73) „ *Wolf*, Wilhelm, Besitzer der Sonnenapotheke. 1891.
74) „ *Zuschlag*, Karl, Dr., Professor und Prorector am Friedrichs-Gymnasium. 1873.
75) „ *Zwenger*, Julius, Kaufmann. 1890.

III.
Bericht
über
den litterarischen Verkehr des Vereins.

Auch in der Zeit, die seit der Herausgabe des letzten Berichtes verstrich, ist die Vereinsbibliothek durch den Tauschverkehr, den der Verein mit etwa 350 Akademien, Gesellschaften, Vereinen und Redaktionen wissenschaftlicher Zeitschriften unterhält, durch eine Fülle werthvoller Bücher und Schriften bereichert worden. Da unsere Bibliothek regelmässig die neuesten Veröffentlichungen auf naturwissenschaftlichem Gebiete aus allen Erdteilen und allen Zonen in sich aufnimmt, besitzt sie eine Bedeutung, die über den Rahmen unseres Vereins weit hinausreicht.

Dass wir den auswärtigen Instituten und Vereinen eine Gegengabe, die freilich im Vergleiche zu den gesammelten Bücherwerken als eine sehr bescheidene zu bezeichnen ist, in unseren Berichten bieten konnten, haben wir wiederum in erster Linie der wohlwollenden Fürsorge des verehrlichen Landesausschusses für den Regierungsbezirk Kassel zu danken, der uns eine ansehnliche Beihülfe gütigst gewährte. Dieser Beihülfe ist bereits in dem ersten Theile dieses Berichts dankend gedacht worden.

Abgesehen von den unserer Bibliothek regelmässig zufliessenden Schriften haben uns nachstehende Gesellschaften, Mitglieder und Gönner unseres Vereins durch die Uebersendung von Abhandlungen und Werken erfreut.

Von Herrn Dr. **Egeling** zu Alameda (Cal.): *Science*. New-York 1892. 1893. — *Müller's* Cod-Liver Oil. (11 S.) Ebenda 93. — The American Therapist. Ebenda 93. — *Canby*, Darlingtonia californica, an insectivorous plant. (4 S.) Philadelphia 1874. — *Cassino*, The international scientist's directory. (286 S. u. 205 S.) Boston 1888. — Martins druggist's directory of the U. S. and Canada. (326 S.) Boston 1889. — Modern methods of local treatment in skin diseases. (48 S.) New-York 1890. — Papoid (vegetable Pepsin.) 39 S. Ebenda 1892. — The Nidiologist. Alameda 1893. — Treatment of smuts of oats and wheat. (8 S.) Washington 1892. — Some Features of the World's Columbian Exposition. (16 S.) Philadelphia 1893. — The American naturalist. Vol. XXV. Nr. 299. (150 S.) Ebenda 1891. — *Galloway*, Journal of Mycology. Washington, 3 Hefte. 1889. 90. — Field sports.

Vom Verleger Herrn **Th. G. Fisher** hier: 6 Hefte der Bibliotheca medica. 4°.: 1) *Asmus*, Ueber Syringomyelie. (25 S. m. 1 Taf.) 1893. — 2) *Ribbert*, Anatomische Untersuchungen über die Osteomalacie. (57 S. m. 2 Taf.) 1894. — 3) *Schürhoff*, Zur Kenntniss des Centralnervensystems der Hemicephalen. (73 S. m. 2 col. Taf.). — 4) *Weintraud*, Untersuchungen über den Stoffwechsel im Diabetes mellitus u. zur diätetischen Therapie der Krankheit. (54 S. m. 64 S. Tabellen) 1893. — 5) *Schwimmer*, Psorospermosis (Darier). Keratosis hypertrophica universalis. (13 S. m. 1 Tafel 51 : 76 cm). — 6) *Tietze*, Beobachtungen an einem Falle von multiplem Melanosarcom mit Melanurie. (18 S. m. 2 Farbendrucktafeln.) 1893.

Vom Verf. Herrn Hofrath Prof. Dr. **Geinitz** in Dresden: Bericht über die neue Aufstellung in dem Kgl. Mineralogischen Museum zu Dresden. (5 S.) 1892.

Vom Verf. Herrn Prof. M. Béla **de Gonda** (in Budapest): La régularisation des Portes de Fer et des autres cataractes du Bas Danube. (79 S. m. 5 Taf.) Paris 1892.

Vom Verf. Herrn Prof. Dr. A. **Kornhuber** in Wien: Ueber einen neuen fossilen Saurier von Komen auf dem Karste. (Sep.-Abdr. aus Verh. geol. Reichsanstalt, Wien 1893. S. 7.) — Carsosaurus Marchesettii (16 S. Folio mit 2 Taf.) (Sep.-Abdr. aus den Abh. der geol. Reichsanst. Bd. XVII, Heft 3, Wien 1893.)

Vom Verf. Herrn Dr. G. **Kümmell** hier: Bemerkung zu der Abhandlung des Herrn *Georg H. Zahn*: Ueber die Vorgänge an der Uebergangs-

stelle eines elektrischen Stromes zwischen verschieden concentrirten Lösungen. (Sep.-Abdr. aus den Annalen der Physik und Chemie. Neue Folge. Bd. 50. 1893.)
Von Herrn Prof. Dr. **Leimbach**, Direktor in Arnstadt (als Herausgeber): Deutsche botanische Monatsschrift.
Vom Verf. Herrn Generalarzt Dr. **Lindner** hier: Beitrag zur Kenntniss parasitischer Protozoen. Sep.-Abdr. aus „Deutsche Medic. Ztg." 1892, Nr. 30—32. (36 S.). — Die künstliche Erzeugung von Hautkrankheiten am Thierkörper durch eine spezifische Protozoenart. Sep.-Abdr. aus „Monatshefte für praktische Dermatologie" XVI. 1893. (11 S.). — Beitrag zur Kenntniss parasitischer Vorticellen. Sep.-Abdr. aus „Deutsche Medizinal-Zeitung" 1893. Nr. 82 u. 83.
Von Herrn Geh. Reg.-Rath Prof. Dr. **Melde** in Marburg: *Koch*, Die Temperaturverhältnisse von Marburg. Nach 24jährigen Beobachtungen. (31 S. m. 3 Taf.) Marburg 1892.
Von Herrn Consul a. D. Dr. C. **Ochsenius** in Marburg: Naturwissenschaftliche Mittheilungen: 1) Zur Bildung schwacher Salzlager. 2) Wirkungen der Stürme auf Pflanzen. 3) Reste ausgestorbener Säugethiere aus dem bolivianischen Hochgebirge. — Salz ist Wärmeersatz. — Zur Entstehung des Petroleums. (In Seifensiederzeitung 1893, Nr. 26. — Sechs Hefte der Zeitschrift für praktische Geologie 1893: 1, 2, 4, 6, 8 u. 9) enthaltend Originalaufsätze, Referate und kleine Mittheilungen des Geschenkgebers. —
Von unserem Ehrenmitglied Herrn Dir. Prof. Dr. R. A. **Philippi** in Santiago (Chile) seine Schriften: Plantas nuevas chilenas. (106 S.) Santiago 1893. — Noticias preliminares sobre los Huesos fósiles. Ebenda 1893. — Plantas nuevas chilenas. (324 S.) Ebenda 1894. — 5 botanische Abhandlungen, vier von dem Spender, die andere von seinem Sohne (Prof. Frederico Philippi), Sep.-Abdr. aus den Anales del Museo nacional de Chile. Santiago 1892.
Von Frau Wwe. G. **vom Rath** in Bonn: Sach- und Ortsregister zu den mineralogischen und geologischen Arbeiten von *G. v. Rath*. (197 S.) Leipzig 1893.
Von Herrn Dr. **Senoner** in Wien: *Stanley u. Emin*. Fol. (31 S.) Berlin 1890. — *Kraepelin*, Die Brutpflege der Thiere. (26 S.) Hamburg 1892. — *Zedtwitz*, Geschichte der Impfung. (51 S.) — *Böhm*, Geschichte der Impfung in Böhmen. (8 S.). — Il Naturalista Siciliano. Giornale di scienze naturali. 1892. — *Brusina*, Fauna fossile terziaria di Markusevec in Croazia. (96 S.) Agram 1892. — Bolletino della R. società toscana di orticultura. Firenze 1892. — Bolletino mensuale dell' osservatorio centrale. Torino 1892.
Vom Verf. Herrn L. **Serrurier**: Prof, *Schlegel's* Zoogenaamde Kritiek van het Japansch-Nederl. Woordenboek. (8 S.) Leiden 1893.
Vom Verf. Herrn Prof. Otto **Speyer** hier: *Adolf Speyer* eine Lebensskizze. (32 S.) 1893.
Von der **Niederrheinischen Gesellschaft** zu Bonn: Bericht über die Festsitzung am 2. VII. 93 zur Feier des 75jährigen Bestehens der Gesellschaft. (21 S.)
Von dem **naturwissenschaftlichen Verein** zu Bremen: *Buchenau*, Ueber Einheitlichkeit der botanischen Kunstausdrücke und Abkürzungen. (36 S.) Bremen 1893.
Von der **K. Ungarischen naturwiss. Gesellschaft** zu Budapest: *Daday Jenö*, A magyar álliattani irodalom (d. i. Ungarische zoologische Litteratur.) 1891. (310 S.) — A magyar tücsökfélék természetrajza (d. i. Naturgeschichte der ungarischen Grylliden) 1891. 4°. (79 S. m. 6 Taf.) — *Hermann*, J. S. v. Petényi, der Begründer der wissensch. Orni-

thologie in Ungarn 1799—1855. 1891. 4⁰. (137 S. m. Porträt u. 2 col. Taf.). —
Von der **Naturforschenden Gesellschaft** zu Danzig: Festschrift zur Feier des 150jährigen Bestehens am 2. Januar 1893. (149 S. mit 9 phot. Taf.) Danzig 1893.
Von dem Centralausschuss des **Odenwaldclubs** in Darmstadt: Ein künstlerisch ausgeführtes colorirtes Odenwald-Plakat.
Von der **Pollichia**, naturw. Verein in Dürkheim: Festschrift zur 50jährigen Stiftungsfeier. (66 S.) Dürkheim 1892.
Vom **Mährisch-schles. Sudeten-Gebirgs-Verein** (Oberl. *Ad. Kettner*) in Freiwaldau: Wegweiser für Touristen im Voreinsgebiet des m.-schl. G.-V. (66 S. m. Karte.) Freiwaldau 1892 nebst Mitgliedskarte pro 1894.
Von der **K. Akademie der Wissenschaften** zu Krakau: *Teichmann, L.*, Elephantiasis Arabum. (51 S. mit Atlas.) 1892.
Von der Section **Küstenland** des deutschen und österr. Alpenvereins. Chronik 1873—1892. (372 S. m. Abb.) Prachtband. Triest 1893.
Von der **Geographischen Gesellschaft** zu Madrid: Un proyecto de ley pres. al congreso nacional de Costa Rica. (15 S.) Madrid 1892.
Von der **Società degli Alpinisti Tridentini** zu Rovereto: *Brentari*, Guida di Monte Baldo (176 S. m. Karte u. Ill.) Bassano 1893.
Vom **Coppernicus-Verein** zu Thorn: *Semrau*, Die Grabdenkmäler der Marienkirche zu Thorn. 4⁰. (66 S. mit 11 Kunstbeil. u. 11 lith. Taf.) Thorn 1892.
Von dem **Department of Agriculture** in Washington: *Fisher*, The Hawks and owls of the Un. St. (210 S. mit vielen color. Taf.) 1893.
Von dem **Smithson'schen Institut** in Washington: Life histories of North American birds von Charles Bendire. 4⁰. (416 S. m. 12 col. Taf.) Washington 1892.

Alle gütigen Spender seien des wärmsten Dankes versichert.

Folgende **Einladungen** und **Mittheilungen** gingen dem Vereine zu:

1. Der Pressausschuss des Reichscommissariats für die **Weltausstellung in Chicago** ladet unter dem 30. August 1892 zur Theilnahme an einem dortselbst stattfindenden wissenschaftlichen Congress ein.
2. Die geographische Gesellschaft in Wien theilt am 24. Okt. 1892 mit, dass sie fortan Schriftentausch nur mit den lediglich die geographischen Wissenschaften pflegenden Vereinen bestehen lassen wird.
3. Die Lese- und Redehalle der deutschen Studenten in Prag ladet unter dem 13. XI. 92 zu dem am 19. XI. stattfindenden Eröffnungs-Commerse ihres 89. Vereinssemesters ein.
4. Der Centralausschuss des Odenwaldclubs zu Darmstadt übersendet unter dem 28. IV. 93 eine Mitgliedskarte für das Vereinsjahr 1893—94.
5. Der Naturhistorische Verein der preuss. Rheinlande etc. zu Bonn ladet zur Feier seines 50jähr. Bestehens, 23. u. 24. Mai, ein.
6. Die Niederrheinische Gesellschaft für Natur- u. Heilkunde zu Bonn desgl. zu ihrem 75jähr. Jubiläum auf den 2. Juli 93.
7. Der Hauptausschuss des Rhönclubs zu Fulda ladet zu der am 6. August 1893 zu Geisa stattfindenden 17. Jahresversammlung ein.
8. Die Società degli Alpinisti Tridentini zu dem am 15. August in Pejo (Valle di Sole) stattfindenden 21. Sommerfest.

9. Die **Lese-** und **Redehalle** der deutschen **Studenten** in Prag ladet zu dem am 11. XI. 93 stattfindenden Festabend der deutschen Studentenschaft Prags ein.
10) Der **Verein für naturwissenschaftliche Unterhaltung** hierselbst ladet zu seinem am 14. I. 93 stattfindenden Stiftungsfeste ein.
11) Herr Reichstags-Abgeordneter Otto Herman in Budapest macht die Mittheilung, dass als Ausfluss des 2. internationalen ornith. Congresses von dem k. ungar. Cultusminister die Organisation eines ungarischen Centralbureaus für ornitholog. Beobachtungen angeordnet und er mit der Leitung desselben betraut worden sei.
12) Das **Präsidium des** 8. **internationalen Congresses für Hygiene und Demographie** in Budapest ladet zu der vom 1. bis 9. September 1894 in Budapest tagenden Versammlung ein.
13) Die **Königliche Gesellschaft der Wissenschaften** zu Göttingen zeigt an, dass die bisherige Serie der „Nachrichten von der Königlichen Gesellschaft der Wissenschaften und der Georg-Augusts-Universität zu Göttingen" mit Schluss des Jahrgangs 1893 ihr Ende erreicht hat. An Stelle derselben werden nunmehr die nach Klassen getheilten „Nachrichten von der Königl. Gesellschaft der Wissenschaften zu Göttingen" treten.
14) Der **Verein für naturwissenschaftliche Unterhaltung** hierselbst ladet zu seinem 13. I. 1894 stattfindenden Stiftungsfeste ein.
15) Die **Königliche Akademie für Physik und Mathematik** zu Neapel übersendet die von ihr gestellte Preisaufgabe, die bis zum 31. März 1896 zu lösen ist.

IV.

Uebersicht

der

in den Monatssitzungen gehaltenen Vorträge und Demonstrationen

in alphabetischer Ordnung der Herrn Vortragenden.

[Auszug aus den Sitzungsberichten.]

1) Herr Dr. **Ackermann** legte in der Sitzung vom 14. August 1893 die neuen österreichischen und ungarischen Nickelmünzen vor und zeigte ihre starke Anziehung durch den Magneten.

2) Herr Geh. Ober-Justizrath **Bartels** hielt in der Sitzung vom 11. Dezember 1893 einen Vortrag über „Entomologische Wanderungen in Südtirol in den Monaten Juli und August 1893". Der Vortragende hat zunächst die Brennergegend zwischen Gries und Gossensass zum Gegenstand seiner Forschungen gemacht und insbesondere die Thäler und Berge aufgesucht, welche ihre Giessbäche nach dem Brennerpass

entsenden und die Wasserscheide zwischen Norden und Süden, Sill und Eisack, bilden. Hochinteressant für Insekten, namentlich für Käfer, sind die Abhänge der gewaltigen Berge Kraxentrager, Wolfendorn und Flatzer Spitze, 2000 bis 3000 m, welche theils mit Schneeflächen, theils mit dichten Fichtenwäldern und frischen Wiesen bedeckt sind. Hier finden sich, zum Theil in grosser Menge, die Gebirgskäfer *Platycarabus depressus, Fabricii* in allen Farben, *Creutzeri, Platychrus irregularis, Orinocarabus silvestris, brevicornis, alpestris, carinthiacus*, verschiedene *Nebria*-Arten unter Steinen, *Pterostichus Kokeili, Licinus Hoffmannseggi* und in der Waldregion *Cychrus angustatus*. Die Wald- und Wiesenregion mit ihren üppigen Umbelliferen ist ausgezeichnet durch das ziemlich häufige Vorkommen des schönen, in Deutschland sehr seltenen und wenig verbreiteten Bockkäfers *Pachyta lamed*, Männchen und Weibchen. Derselbe ist entschieden ein Gebirgs- und Nadelholzkäfer, und wurde bis zur Höhe von 2000 m auf Schirmblüthen, auf gefällten Fichtenstämmen, an Zäunen und in der Nähe von Sägemühlen fliegend oder auf Brettern sitzend gefangen. Auch die in Deutschland seltene *Leptura sexmaculata (trifasciata)* ist auf Schirmblüthen und auf Fichtenzäunen wiederholt angetroffen worden. — Als eine Merkwürdigkeit des bis zum Brennersee sich erstreckenden bekannten düsteren Vennathals ist das Vorkommen von *Brachyta interrogationis* in grosser Zahl, jedoch nur der dunkelen Varietät *curvilineata* und *ebenina*, zu verzeichnen. Nach langer sich über einen Zeitraum von 10 Jahren erstreckender Erfahrung hat der Vortragende in derselben Gegend nicht ein einziges Exemplar der gelb und schwarz gefleckten Stammform endeckt.

Aus seinen weiteren Wanderungen in Südtirol hob der Vortragende den Fang von etwa 20 Stück des seltenen *Platycarabus Kircheri* auf dem Mahlknecht, dem Uebergang von der Seisser Alpe nach Campitello im Fassathal, hervor. Nach allen Beobachtungen ist anzunehmen, dass der Käfer vorzugsweise sich auf den Dolomiten bei Bozen und im Fassathal aufhält.

Am Ortler war an mehreren Tagen bei herrlichem Sonnenschein wieder das massenhafte Fliegen der bekannten Alpen-Lepidopteren an der Strasse von Trafoi bis Franzenshöhe zu bemerken. Ebendaselbst flog und lief *Cicindela gallica* in grün glänzenden Exemplaren. —

Zur Erläuterung seines Vortrages zeigte Herr Bartels mehrere hundert Stück der auf seiner Reise gefangenen Käfer aus den verschiedensten Familien vor.

3) **Derselbe** sprach in der Sitzung vom 12. Febr. 1894 „über das Leben und die Thätigkeit einiger in den letzten Jahren verstorbener hervorragender Entomologen." Er schilderte zunächst den Aufschwung, welchen das entomologische Studium in den letzten Jahrzehnten in Europa genommen, sowohl durch das Entstehen gediegener entomologischer Werke und durch die Einrichtung und Vervollständigung öffentlicher Sammlungen, als auch durch die Erforschung bisher wenig zugänglicher Länder und durch Ausbreitung des Insektenhandels. Die zahlreichen in Deutschland, Oesterreich, Frankreich und England erscheinenden entomologischen Zeitschriften lassen die wachsende Zahl der Leser und das allgemein zunehmende Interesse erkennen. — Es seien aber auch die Lücken nicht zu verkennen, welche in den letzten vier Jahren durch den Tod in den Reihen der berühmten Entomologen entstanden seien. —

Der Vortragende bezeichnet als die in dieser Zeit verstorbenen deutschen Entomologen von hohem Verdienst:

Den Rektor **Letzner** in Breslau, den General **Quedenfeldt** in Berlin, den Professor **Burmeister** in Buenos-Ayres, den Professor **Hagen** in Cambridge bei Boston, den Forstmeister **Eichhof** in Strassburg i. E. und den Senior der deutschen Entomologen Dr. C. A. **Dohrn** in Stettin,

und schilderte das Wirken derselben auf den verschiedenen Gebieten der Entomologie, ihre Eigenart, ihre Werke und hinterlassenen Sammlungen. Eine besondere Anerkennung wird der in mancher Beziehung unerreicht dastehenden Thätigkeit des Dr. C. A. Dohrn in längerer Ausführung gewidmet.

Herr **Bartels** gedenkt endlich auch der hervorragenden Entomologen, welche der Tod in Frankreich und England hinweggerafft hat.

4) Herr **von Both** erwähnte in der Sitzung vom 12. Dezember 1892 im Anschluss an eine Mittheilung des Herrn Dr. **Weber** über die Kämpfe von Käfermännchen um den Besitz der Weibchen, dass er in der Nähe von Frankfurt am Main ähnliche Kämpfe bei Schmetterlingen, und zwar bei den Männchen von *Aglia tau*, beobachtet habe.

5) **Derselbe** hielt am 9. Januar 1893 einen Vortrag über **Schmetterlingsrüssel** unter Vorführung zahlreicher mikroskopischer Präparate.

6) **Derselbe** hielt am 11. September 1893 einen Vortrag über **Diatomeen**, in dem er ausführlich ihren Bau, ihre Lebensweise und ihre Fortpflanzung besprach, zahlreiche

Tafeln mit Abbildungen vorlegte und mikroskopische Präparate vorführte.

7) Derselbe sprach in der Sitzung vom 8. Januar 1894 über die Entstehung der europäischen Schmetterlingsfauna und legte Vertreter aus den verschiedenen Einwanderungsgebieten vor.

8) Herr **Fabarius** hielt in der Sitzung vom 13. November 1893 einen Vortrag über Kühlanlagen und erläuterte besonders die Kühlanlage des hiesigen Schlachthofes, die am 19. November von den Vereinsmitgliedern unter Führung des Vortragenden besichtigt wurde.

9) Herr Dr. **Fennel** machte am 14. November 1892 Mittheilung über die am 12. August desselben Jahres auf der erdmagnetischen Station zu Lübeck beobachteten magnetischen Störungen und legte eine graphische Darstellung dieser Störungen vor.

10) Derselbe legte am 12. Dezember 1892 zwei Stosszähne von Elephanten vor. Diese Zähne hatte ein geborner Wehlheider, Namens Schuster, der als Karawanenführer in Kamerun lebt, seinen Angehörigen in Wehlheiden zugeschickt mit der Angabe, dass er die Elephanten, von denen die Zähne herrührten, selbst erlegt habe.

11) Derselbe legte am 9. Oktober 1893 einige männliche und weibliche Cicaden aus Nordamerika vor und

12) in der nämlichen Sitzung 36 ganz junge Larven von Blatta orientalis nebst der Eihülle, welche die sämmtlichen Tierchen beherbergt hatte.

13) Derselbe brachte am 7. Mai 1894 einige Stücke Braunkohle von Homberg, Reg.-Bez. Kassel, zur Vorlage, die Herr Dr. Ackermann s. Z. von Herrn Berginspector Schwenken zum Geschenk erhalten und dem Vortragenden zur Verfügung gestellt hatte. Neben zwei Stücken, welche »mineralische Holzkohle« und ein schwarzes Mineral — wahrscheinlich Gagat — aufwiesen, waren die Stücke von besonderem Interesse, welche Körner enthielten, die von Geologen des Kaiserlichen Hofmuseums zu Wien als Carex-Samen bestimmt worden sind. Es ist dies deshalb von Bedeutung, weil bisher in den Homberger Braunkohlen keine Spur von Blätterabdrücken, Früchten, Samen und dergleichen gefunden worden waren.

14) Herr Dr. **Hemmann** sprach am 12. Dezember 1892 über das Trinkwasser.

15) Herr Prof. Dr. **Hoebel** hielt am 10. Oktober 1892 einen Vortrag über das Thermohygroskop von Lambrecht.

16) Herr Prof. **Hornstein** legte am 10. Oktober 1892 zwei lebende Exemplare von *Scorpio europaeus* sowie einige ganz junge Tiere in Spiritus vor, über welche Tiere derselbe noch des Weiteren am 12. Februar 1894 berichtete. Die Tiere stammten aus Cannes in Südfrankreich und waren dem Vortragenden anfangs Juli 1892 mit einem dritten grösseren Exemplare, welches nicht am Leben geblieben war, zugekommen. Die beiden Tiere waren mit Fliegen gefüttert worden, während sie kleine Regenwürmer, Nacktschnecken und Mehlwürmer nicht hatten annehmen wollen. Eine Nacktschnecke war von dem einen Tiere mehrmals ohne ersichtlichen Nachteil gestochen worden. Von Zeit zu Zeit wurden die Tiere mit einigen Tropfen Wassers getränkt. Nachdem dieselben ein Vierteljahr im Besitze des Vortragenden gewesen waren, fand derselbe eines Morgens das grössere der beiden in der Thätigkeit Junge zu gebären und das kleinere gleichzeitig damit beschäftigt die neugebornen aufzufressen. Infolgedessen liess sich natürlich die Zahl der geborenen Tiere nicht mehr feststellen; es waren schliesslich nur noch fünf Junge übrig; der kleinere Scorpion war natürlich möglichst bald entfernt worden. Die bis auf die dunklen Augen ganz weissen Jungen krochen auf dem Rücken der Mutter herum, hier und da fiel eines herunter, kroch wieder hinauf; zuletzt gelang dieses aber den Thierchen nicht mehr (vielleicht wegen des ungeeigneten Aufenthalts in einem glatten Glase), und so gingen sie nach und nach ein. Der Rücken des Muttertieres erschien während dieser Zeit wie gefirnisst, gleichsam als wäre er mit einer Masse wie Perubalsam bestrichen, was sich nach dem Tode der Jungen allmählich verlor. Während nun mitgeteilt wird, dass sonst das Muttertier, nachdem die Jungen geboren, andauernd abmagere und bald, nach etwa 2 Wochen, sterbe, blieb dieses Tier munter wie zuvor, nahm wieder Fliegen an und ist erst etwa sieben Monate später eingegangen, wahrscheinlich an Wassermangel infolge einer Unaufmerksamkeit. Diese anderweiten Beobachtungen widersprechende Thatsache vermutet der Vortragende eben dem Umstande zuschreiben zu dürfen, dass von vornherein der Jungen so wenig am Leben geblieben und auch diese bald eingegangen seien. Die das Muttertier bedeckende firnissartige Masse werde wohl infolge der Reizwirkung, welche von den herumkriechenden Jungen ausgehe, von dem Muttertier ausgeschwitzt, um jenen als Nahrung zu dienen. Denn in anderen Fällen wurde beobachtet, dass die jungen Tiere, ohne dass man sie während des Aufenthalts auf der Mutter sonst Nahrung zu sich nehmen sieht, nach einiger Zeit sich häuten und um etwa die Hälfte wachsen.

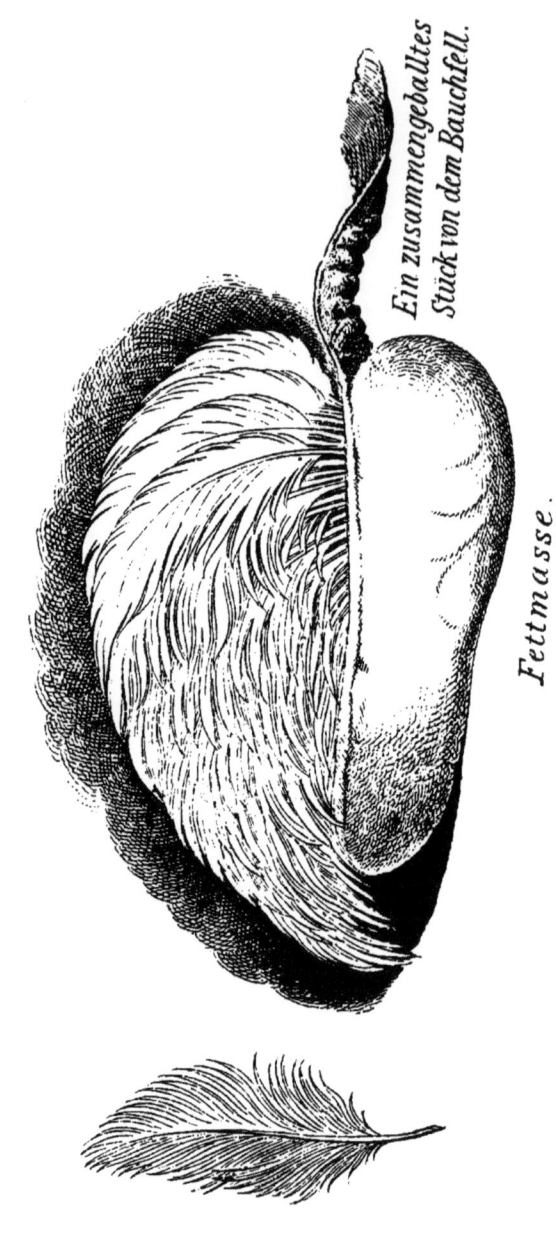

In diesem Falle aber fiel die Reizung fort, liess damit die Ausschwitzung bald nach und so auch die mit diesem Substanzverlust jedenfalls verbundene Schwächung, welche schliesslich wohl sonst den Tod des Tieres herbeiführt. — Es würde jedenfalls von Interesse sein in Gegenden, wo man die Tiere leicht lebend haben kann, durch geeignete Versuche die Frage weiter zu verfolgen. Die Natur würde gewiss bald klare Antwort geben.

17) Derselbe sprach am 9. Januar 1893 „Ueber makroskopische und mikroskopische Flüssigkeitseinschlüsse in Mineralien" indem er eine Reihe von Proben dazu vorlegte.

18) Derselbe machte am 12. Februar 1894 Mitteilung von dem Fund eines Petrefakts auf Trappquarz aus hiesiger Gegend, welcher Fund geeignet erscheine, die uralte Erklärung über die Entstehung dieser „Quarzfritten" als irrthümlich zu kennzeichnen. Es sitzen nämlich dem Trappquarz hier eine Anzahl von Balaniden (vielleicht einer Chthamalusart) auf, welche also bekunden, dass der fertige Quarzit so schon im Meere existiert haben muss und nicht erst nachträglich innerhalb der Sandschichten durch Zusammenbacken der Sandkörner entstanden sein kann. Das Stück, welches vorgelegt wird, ist in der Nähe des Tannenküppels bei einer der neuen Strassenanlagen, welche auch die Sande mit den Quarziten z. T. bloss gelegt haben, gefunden worden.

19) Herr Prof. Dr. **Kessler** machte in der Sitzung von 12. Dezember 1892 Mitteilungen über vorgelegte Gallen von *Cynips calicis*, die von Eichbäumen der Wilhelmshöhe herrührten.

20) Derselbe zeigte am 9. Januar 1893 eine beachtenswerte Abnormität vor, welche sich im Bauche einer Gans gebildet hatte. Dieselbe besteht in einem 7 cm langen und 2 cm dicken, an dem Bauchfell sitzenden Fettklumpen, auf welchem ein Federbüschel sitzt, der aus circa 70—80 einzelnen, durchschnittlich 4 cm langen, vollkommen ausgebildeten Federn besteht. (Vergl. Abb.)

Man hielt diese Abnormität für einen im Innern des Körpers zur Ausbildung gekommenen, verirrten Keim zur äusseren Körperhaut.

Herr Dr. Weber sprach sich hierüber in folgender Weise aus: „Die demonstrirte Geschwulst stellt ein sog. Dermoid dar, d. h. eine Cyste, deren Innenfläche vollkommen die Struktur der äusseren Haut zeigt, dabei aber an Stellen vorkommt an denen normaler Weise Hautelemente nicht vorhanden sind. Beim Menschen kommen solche Dermoide vorzugsweise im Ovarium vor, seltener findet man sie, wie in diesem Falle bei der Gans, im Bauchfell, sowie am Halse, in der Umgegend der Augenhöhle. Die Neubildungen stammen entwickelungsgeschichtlich von denselben Keimanlagen, wie die äussere Haut und stellen weiterentwickelte, versprengte Keime des äusseren Keimblatts, die in einer früheren Periode der embryonelen Entwickelung an den Ort der späteren Ausbildung gelangt sind, vor."

21) Derselbe machte am 12. Juni 1893 unter Vorlage von Präparaten Mitteilungen über *Psylla Fraxini L.* und

22) in der nämlichen Sitzung über *Pemphigus lonicerae Krt.*, die sich ausführlich als erste und dritte der drei kleinen entomologischen Abhandlungen auf pag. 26 der Abhandlungen dieses Berichtes vorfinden.

23) Derselbe legte am 14. August 1893 eine Anzahl Roggenpflanzen *(Secale cereale L.)* mit Aehren vor, welche kaum 1 Fuss hoch geworden und ausserdem noch dadurch auffällig waren, dass der obere Theil jeder Pflanze einen annähernd oder ganz geschlossenen Bogen von oben nach unten bildete. Dieselben wurden Anfangs Juni d. J. von einem grösstentheils eben liegenden Acker mit Kalkboden entnommen. Nur ein kleiner Theil der Ackerfläche erhob sich nach Süden hin hügelartig. Auf dem ebenen Theil hatte der Roggen normale Höhe erreicht, wurde aber an dem aufsteigenden Theil immer kürzer.

Auf der Höhe standen die kleinsten Pflanzen mit der Bogenform. Bei genauerem Untersuchen derselben zeigte sich, dass an jeder einzelnen Pflanze die Spitze des jüngsten Blattes oder das Ende der obersten Aehrengranne in einem tiefer stehenden, zusammengerollten und trocken gewordenen Blatte festhing, wodurch der Bogen gebildet wurde.

Der Vortragende war der Ansicht, dass die Ursache zu dieser Erscheinung in der diesjährigen trockenen und regenlosen Frühjahrswitterung zu suchen sei, wodurch das gleichzeitige und gleichmässige Wachsen der einzelnen Pflanzentheile gestört wurde. Während im vorliegenden Falle die schon vorhandenen, also älteren unteren Blätter der Roggenpflanze aus Mangel an Wassergehalt der sie umgebenden Luft schon frühzeitig nicht mehr ihre Funktion, zur Erhaltung des ganzen Pflanzenkörpers beizutragen, verrichten konnten, die in der Neubildung begriffenen inneren Stengeltheile aber fortwuchsen, weil sie durch die Wurzeln ihre Nahrung erhielten, starben erstere durch die Sonnenhitze bald ab, rollten sich dabei zusammen und wurden gelb. Dieses Absterben erfolgte aber in der trockenen Hitze rascher als das Herauswachsen einer frischen Blattspitze oder einer

Aehrengranne. Dadurch wurden diese beiden letzteren in dem vertrockneten und tiefer stehenden Blatte festgehalten, während das Wachsen der ganzen Pflanze fortdauerte, wodurch die vorhandenen Theile des Halms mit der Aehre nach oben getrieben und hierdurch die Bogenform des oberen Pflanzentheiles hervorgerufen wurde.

24) Derselbe sprach in der nämlichen Sitzung kurz über *Microgaster glomeratus* und machte

25) ausführliche längere Mittheilungen über *Cynips calicis*; beides unter Vorführung von Präparaten.

26) Herr Carl **Knetsch** berichtete am 11. December 1893 über einige interessante Pflanzen:

a. Neu entdeckte oder wenig bekannte Standorte:

Anemone Pulsatilla L. Schieferstein, Glockenberg.
Helleborus viridis L. Hülfensberg, Greifenstein.
Corydalis intermedia P M. E. Naumburg.
Farsetia incana R. Br. Heckershausen, Hedemünden.
Thlaspi alpestre L. Habichtswald.
Thlaspi montanum L. Urfethal, Sonderthal, (i. Waldeck).
Senebiera Coronopus Poir. Fasanenhof.
Senebiera didyma Pers. b. Tannenküppel, wohl eingeschleppt.
Coronilla vaginalis Lam. Graburg.
Vicia lathyroides L. Volkmarshausen.
Potentilla cinerea Chaix bei Villars. b. Wildungen.
Potentilla opaca L. b. Wildungen.
Sorbus hybrida L. Graburg.
Corrigiola litoralis L. Neue Mühle u. b. Dennhausen.
Scleranthus perennis L. Burghasungen.
Saxifraga tridactylites. Liebenau.
Falcaria Rivini Host. b. Kassel u. Rotenburg.
Orlaya grandiflora Hoffm. Eichsfeld.
Turgenia latifolia Hoffm. Heckershausen u. Ehrsten.
Asperula cynanchica L. Zierenberg u. Wildungen.
Dipsacus pilosus L. Jestädt, Schedethal, Gudensberg.
Petasites albus. Gärt. Heldrastein an einigen Stellen.
Aster Amellus L. zum Hain, Rachelsberg.
Aster brumalis Nees. Waldauer Fussweg.
Aster salignus Willd. b. Guntershausen, b. Wendershausen, Flaxbachthal.
Hypochaeris maculata L. Goburg, b. Dörnberg, Gr. Wasserkuppe.
Chondrilla juncea L. Volkmarshausen.
Hieracium praealtum Koch, Var. a, florentinum, Form H. obscurum Rchb. b. Rothenditmold Eisenbahndamm seit 1892.

Hieracium subaudum L. **Wolfsanger Wald.**
Limnanthemum nymphaeoides. Link. **Aue.**
Cynoglossum montanum Lam. **Weinberg, Brasselsberg, Wilhelmshöhe.**
Lithospermum officinale L. **Wilhelmshöhe.**
Verbascum Blattaria L. weiss u. gelb. **Aue (1888 erschienen, 1889 verschwunden, 1892 andern Orts aufgetreten).**
Orobanche Cervariae Suard. **Auf Libanotis montana Stein b. Asbach.**
Orobanche Epithymum D. C. **auf Thymus Serpyllum zum Hain.**
Lathraea Squamaria L. **Goburg Heldrastein.**
Salvia verticillata L. **Kirchditmold u. Rhön.**
Prunella vulgaris L. weiss. **Nadelöhr.**
Lysimachia thyrsiflora L. **Aue.**
Salix repens L. **vor d. Habichtswald.**
Salix repens L var. γ argentea. **b. Münden.**
Potamogeton pectinatus L. **Teich Wilhelmshöhe.**
Orchis militaris L. **Hülfensberg.**
Goodyera repens R. Br. **Taunus b. Sooden.**
Juncus capitatus Waig. **Hühnerfeld.**
Juncus tenuis Willd. **Windhausen, Mühlenberg u. Kaufunger Wald.**
Lycopodium inundatum L. **Hühnerfeld.**
Aspidium lobatum Sw. **b. Wildungen.**
Asplenium Adiantum nigrum L. **Fuldathal zw. Kassel u. Münden am 1. März 1890 von mir entdeckt, wohl einziger authentischer Standort unseres Gebietes.**
Scolopendrium vulgare Sm. **b. Grebenstein, im Kasseler Gebiet wohl einziger Standort.**

b. Ausgerottet sind:

Hippuris vulgaris L **Sumpf Kaiserstrasse Kassel.**
Centaurea solstitialis L. **Wehlheidener Kirche.**

c. Eingeschleppt erschienen:

Salvia Sclarea L. **a. Süd-Europa: b. Höllenküppel.**
Briza maxima L. **a. Süd-Europa: b. Kirchditmold u. Rothenditmold.**

d. Bemerkungen:

Unsere merkwürdige *Salvia Aethiopis L.* (v. Bilstein) fand ich im untern *Val de Cogne*, Gebiet der *Grivola*. Es ist dies der erste Fund der Pflanze in Italien.

Antirrhinum Orontium L in den Handbüchern als überall häufig angeführt, vermochte ich im Gebiete nirgends, nur einmal bei Martinach-Wallis zu entdecken.

Salvia Aethiopis L., *Grammitis Ceterach Sw.* und das sehr seltene *Allium strictum Schrd.* sind durch gewissenlose Sammler so gut als ausgerottet am Bilstein und *Aristolochia Clematitis L.* droht mit dem Druselgraben einzugehen, während auf Wilhelmshöhe noch ein Standort dafür bleibt.

27) Herr Prof. **Lenz** theilte mit, dass nicht die gesammten Sammlungen des verstorbenen Aichungsinspektors Schulz in den Besitz des Königlichen Naturalienmuseums gekommen seien. Herr Schulz habe jedoch eine nicht zu unterschätzende Anzahl guter Handstücke zu einer geognostischen Sammlung dem Naturalienmuseum geschenkt.

28) Herr Dr. **Lindner** hielt am 13. März 1893 einen Vortrag über parasitische Mikroorganismen aus dem niedersten Pflanzen- und Thierreich. Der Vortrag findet sich seinem Hauptinhalte nach in der Deutschen Medicinal-Zeitung 1893 Nr. 82 u. 83 unter der Ueberschrift „Beitrag zur Kenntniss parasitischer Vorticellen".

29) Herr Dr. **Loewer** machte in der Sitzung vom 10. Oktober 1892 ausführliche, längere Mittheilungen über das Vorkommen und die Bildung des Schillerquarzes (Katzenauges) in den Spalten des Grauwackengesteines im Bodethal bei Treseburg. Neben den bekannten Fundstätten des Katzenauges Treseburg, Gegend von Hof im Fichtelgebirge und Oberlossa bei Plauen hebt der Herr Vortragende Sahlberg in Schweden hervor. Von diesem Fundorte befindet sich ein besonders prächtiges Stück Schillerquarz in den Sammlungen des Königl. Naturalienmuseums.

30) Derselbe hielt am 14. November 1892 einen Vortrag über „die verkieselten Hölzer im Rothliegenden des Kyffhäuser-Gebirges". Nachdem einzelne Stücke des Araucariotylon mit Rinde und ohne Rinde, die man jetzt beim Bau des Kyffhäuser-Denkmals sämmtlich weit reichlicher als früher gefunden hat, vorgezeigt und besprochen waren, erstreckte sich der Vortrag weiter über den Versteinerungsprozess bei Holz überhaupt, der im Wesentlichen zunächst nach Göppert auseinandergesetzt wurde. Der Vortragende sieht jedoch als eine der wesentlichsten Bedingungen der Versteinerung an, dass die Hölzer einzeln im Sandschlamm eingeschlossen wurden, während flötzartig angehäufte Stämme und Holztheile der Verkohlung anheimfielen. Das Vorkommen von sog. verkieselter Kohle spricht auch ihm nicht dagegen, da bei dieser nicht die Kohle verschwunden und an ihre Stelle Quarzmasse getreten ist, sondern es sich bei ihr lediglich um eine Infiltration der Kohle, die dabei bestehen geblieben und bei der bis in die feinsten

Zwischenräume kieselige Flüssigkeit eingedrungen war, mit Kieselsäure handelt. Diese verkieselte Kohle wird deshalb auch von Manchen infiltrierte Kohle genannt. Glüht man dieselbe durch Gasgebläse aus, so verbrennt die Kohle, und es bleibt ein poren- und zellenreiches Kieselskelet übrig, verbrennt die Kohle nicht ganz, so bleibt in einzelnen Zellen halbverbrannte schwarze Kohle zurück, was am deutlichsten beweist, dass die Kohle beim Versteinerungsprozess nicht zum Verschwinden gebracht, sondern nur von Kieselsäure durchtränkt wurde, während bei versteinerten Einzelstämmen die Holzmasse verschwunden ist, so dass man die Struktur meist nur noch an den Aussenseiten der Hölzer beobachten kann, während das Innere durch Hornquarz, Jaspis, Opal oder Quarzit etc. versetzt ist. —

31) Derselbe machte in der Sitzung vom 12. Dezember 1892 im Anschluss an den eben erwähnten Vortrag Mittheilungen über einen etwa $3/4$ m Durchmesser zeigenden verkieselten und verkohlten Coniferenstamm der im Innern hohl ist, wobei die Flächen der Höhlung zum Theil von Opalmasse überzogen ist. Derselbe ist in einem Garten auf dem Mönchberg — Mönchebergstrasse 9 — aufgestellt und ragt etwa 1 m über der Erde hervor. Der frühere Besitzer des Gartens war der hessische Oberbergrath Henschel. Dieser hat den Stamm höchst wahrscheinlich in einem hessischen Braunkohlenbergwerk gefunden und in jenen Garten schaffen lassen. Photographische Aufnahmen dieses Stammes wurden vorgelegt, die Herr Privatmann Wilke gütigst hergestellt hatte.

32) Derselbe legte am 15. April 1893 ein Steinbeil vor, welches von einem Förster im Burgwalde, und zwar im Hungerthale unweit des Christenberges bei Münchhausen im Kreise Marburg im Sande in einer Tiefe von etwa 20—30 cm bei Herstellung eines Pflanzloches für eine Fichte unlängst gefunden worden ist. Das Steinbeil ist 17 cm lang, es ist durchlocht, und zwar so, dass in der Mitte des Kanals, wo die offenbar von jeder Seite her besonders hergestellten Oeffnungen zusammenstossen, eine starke Leiste zu fühlen ist. Die Höhe des Beils beträgt an der Stelle, wo an der 6 cm betragenden Breitseite das Loch für den Stiel sich befindet, 4 cm, an der Schneide 1 cm. Es ist mit einer graubräunlichen Kruste überzogen, so dass man die Oberfläche des Gesteins nicht beobachten kann, an einigen Stellen ist die Kruste durch die Hacke bei Herstellung des Pflanzenloches abgesprengt, und man erkennt hier das Gestein deutlich als Hornquarz. Das Steinbeil gehört danach der älteren neolithischen Periode der Steinzeit an. Der Fund ist, wie gewöhnlich, ein Einzelfund gewesen,

das Beil ist gelegentlich bei der Arbeit oder Wanderung an der Fundstelle verloren oder liegen gelassen worden. Dass im Burgwalde Wohnstätten der vorgeschichtlichen Menschen gewesen sind, ergiebt sich daraus, dass an der nordwestlichen Seite des Christenberges, im Tannendickicht versteckt, zahlreiche in Reifen geordnete sog. Hühnengräber, vom Volke Hünhübel genannt, sich befinden, auch am Abhange des Berges, auf dem die Hünsburg stand, welcher Name aus Hühnenburg entstanden sein soll, sind noch heute sog. Hühnengräber vorhanden. (Kolbe, der Christenberg im Burgwalde. Marburg 1879). Das Gestein des Burgwaldes und seiner Umgebung gehört meist der permischen Formation an, von der bald der rothe Sandstein, bald das Conglomeratgestein, zum Theil auch der Zechstein zu Tage tritt. Im Süden wird der Burgwald von der Lahn und der Ohm umspült, im Norden gehen seine Ausläufer bis zur Edder heran. Der im Burgwalde wohnende vorgeschichtliche Mensch hat demnach im Conglomeratgestein der Gegend, oder in den Geröllen ihrer Flüsse reichlich passende Steine gefunden, aus denen er sich Waffen und Geräthe herstellen konnte, und wird dies auch wohl der Grund zur Wahl der Wohnstätten im genannten Walde gewesen sein.

33) Derselbe gab in der Sitzung vom 8. Mai 1893 einen kurzen Ueberblick über „die Basalte der Umgebung von Kassel", wobei er namentlich die zeolithischen und kalkhaltigen Gebilde in den Blasenräumen der einzelnen Basaltberge, ihre Auskleidung mit Chlorit und Vivianit, sowie das Vorkommen von schlackigem Magneteisen zeigte und besprach.

34) Derselbe legte am 12. Juni 1893 einen dem Herrn Bergrath von Morsey gehörenden auffallend schönen Abdruck von Palaeoniscus Freieslebeni aus dem Kupferschiefer des Mansfelder Gebietes vor.

35) Derselbe führte in der nämlichen Sitzung drei Stücke Thon vor. Es waren α) mergelähnlicher Thon vom Wege Brasselsberg-Mariengrube, β) Grossalmeröder Thon und γ) Thon von dem kürzlich erbohrten Lager zwischen dem Niedensteinerkopf und Ermetheis. Der zuletzt erwähnte Thon soll bis zu 50 % Kieselsäure enthalten, ist weiss, stellenweise durch Eisengehalt bräunlich und bröcklich.

36) Derselbe brachte am 14. August 1893 Stücke sog. verkieselter Braunkohle vom Meissner (Schwalbenthal und Brandsröderrevier) zur Vorlage, ferner ein Stück vom Erbstollen im Habichtswald und endlich ein Stück verkieseltes Holz aus dem tertiären Sande vom Steinberg bei

Münden. Herr Dr. Loewer besprach diese Vorlagen im Anschluss an seinen Vortrag vom 14. November 1892.

37) **Derselbe** legte in der Sitzung vom 9. Oktober 1893 **Coelestin** aus der neuentdeckten Fundstelle bei Gembeck im Fürstenthum Waldeck vor und besprach dieses Vorkommen.

Die unlängst durch hiesige Zeitungen gegangene Nachricht, dass bei Adorf in Waldeck Coelestin gefunden sei, ist insofern nicht ganz richtig, als die Fundstelle mehr östlich nahe bei Gembeck sich befindet. Dort ist Coelestin auf einer Hochfläche aufgeschlossen, wo es bereits bei einer Tiefe von 30—40 cm mehr vereinzelt in Drusen, bei einer Tiefe von $1^{1}/_{2}$—2 m aber reichlich in Gangzügen, meist aber auch in Drusen vorkommt. Die rhombischen säulenförmigen Krystalle sind fast alle von bläulichweisser Farbe, bald mehr bald weniger durchscheinend und glasglänzend. Die gelben oder röthlich-gelben, kalkreichen Mergel, die das Muttergestein für den Coelestin bilden, gehören der Kreideformation an, die in Westphalen auftritt und von da aus das nordwestliche Deutschland durchzieht. Bei weiterem Suchen in Folge der Gembecker Aufschlüsse wurde unweit dieses waldeckischen Ortes das Vorkommen des Coelestins auch bei den westfälischen Ortschaften Giershagen und Altmarsberg festgestellt.

Ferner führte der Vortragende **Bastit** (Schillerspath) von der Baste im Radauthale bei Harzburg und **Prehnit** aus dem Gabbro des Radauthales vor. Aus der Besprechung des Vorkommens dieser Mineralien ist hervorzuheben, dass der vorgelegte Prehnit mit Schriftgranit durchwachsen war, wofür das Radauthal einen neuen Fundort abzugeben scheint.

38) **Derselbe** bespricht am 14. November 1893 ein der jüngsten neolithischen Zeit angehörendes Nephritbeil, das in einer Grube des nördlichen Theiles der Stadt Wildungen aufgefunden wurde. Dasselbe war schön geglättet, mit einer scharfen Schneide versehen, zu dieser abfallend war der höhere Rücken gewölbt, die Seitenkanten sind ebenfalls gewölbt, die untere Seite flach mit scharfen Seitenkanten, das Loch wies im Innern keine Leiste auf. Die Fundstelle liegt auf der Linie Burgwald-Stadtwald bei Fritzlar, welches zwei bekannte Fundorte mit vorhistorischen Gräbern sind.

39) **Derselbe** giebt anlässlich des 100jährigen Geburtstages **Mitscherlichs** einen Lebensabriss dieses berühmten Chemikers, der seine wissenschaftlichen Arbeiten und Leistungen würdigte.

40) Derselbe brachte Jericho-Rosen *(Anastatica hierochuntica)* in getrocknetem und durch Einlegen in Wasser entfaltetem Zustande zur Vorlage und besprach dieselben mit der Bemerkung, dass die Jericho-Rose im Krautbuche von Tabernaemontanus 1697 als *rosa hierichuntina arida* aufgeführt ist.

41) Herr Dr. **Merkelbach** hielt am 13. Februar 1893 einen Vortrag über **tonerregende** und **tonempfindliche Flammen**. Er zeigte, dass Flammen durch die Schwingungen anderer Körper zum Tönen gebracht werden können und führte einige Anwendungen vor, die Antolik hiervon gemacht hat. Er stellte ferner Versuche mit der chemischen Harmonika und mit der Ryke'schen Röhre an und erzeugte Töne, die durch Zusammenwirken zweier Flammen entstehen. Sodann wurden bei gewöhnlichem und bei erhöhtem Gasdruck Flammen hergestellt, die bei gewissen Tönen ihre Gestalt änderten.

42) Derselbe zeigte am 11. September 1893 ein lebendes Exemplar von *Utricularia vulgaris* vor. Der Vortragende, der die Pflanze in einem Tümpel an der Fulda am Ausgang der Aue gefunden hatte, besprach namentlich die eigenthümlichen Fangapparate derselben.

43) Herr **Scherff** legte am 10. Oktober 1892 Kartoffeln vor, die auf dem Rigi gezogen worden waren und die unser korrespondirendes Mitglied Herr Dr. Stierlin-Hauser in Rigi-Scheideck übersandt hatte. Als dort anbaufähig hat sich allein die Rosenkartoffel erwiesen.

44) Herr Prof. **Speyer** überreichte in der Sitzung vom 11. September 1893 dem Vereine als Geschenk ein Lebensbild seines verstorbenen Bruders, des Lepidopterologen Adolf Speyer und zeigte einige bemerkenswerthe Schmetterlinge aus der Sammlung des Verblichenen vor. Es waren ♂ und ♀ von *Urania ripheus* (Madagaskar), ♂ und ♀ von *Tysania Agripinna* (Brasilien) und *Papilio Hector* (Südchina)

45) Herr Dr. **Weber** sprach am 12. Dezember 1892 **über kämpfende Käfermännchen**. Diese Mittheilungen finden sich ausführlich unter den Abhandlungen am Ende dieses Berichtes.

46) Derselbe führte in der Sitzung vom 9. Januar 1893 das **Nest eines Schneidervogels** vor, das damals erst vor wenigen Tagen aus Ostindien angekommen war, und machte über den Bau derartiger Nester ausführliche Mittheilungen, die Brehms Thierleben entnommen waren.

47) Derselbe demonstrirte am 12. Juni 1893 einige aus Ungarn mitgebrachte Objekte:

1. *Stipa pennata L.*. Wie der Alpenbewohner das Edelweiss trägt, so schmückt sich der Bewohner der ungar. Steppe mit dem Waisenmädchenhaar, (magyar: Arva léanyhaj), der von den Dichtern besungenen und sagenumwobenen „Blume des Alföld".

2. **Ludwigit**, ein nur in der Gegend von Német Bogsán vorkommendes Eisenerz. Es ist nach der Formel zusammengesetzt $(Mg, Fe)_4 Fe_2 B_2 O_{10}$.

3. Eine Anzahl charakteristischer in dem Banat und den transsilvanischen Alpen gesammelter Caraben unter denen besonders *C. Ulrichi, var. fastuosus* und *var. arrogans, obsoletus, var. euchromus* durch die Mannigfaltigkeit der Farbennuancen, die ihren Ursprung betreffend vielleicht einen Zusammenhang mit dem Erzgehalt des dortigen Bodens vermuthen lässt*), bemerkenswerth erscheinen. Ferner *Carabus Kollari* mit den Varietäten *Hopffgarteni Kr.* und *incompsus Kr.* u. a. mehr.

48) Derselbe hielt am 12. März 1894 einen Vortrag über **augenlose Käfer**.

*) worauf Herr Geh. Rath Bartels aufmerksam machte.

Die landeskundliche Litteratur für Hessen.

Von

Dr. Karl Ackermann.

Der vorliegende 5 Nachtrag enthält ausser den von Michaelis 1892 bis jetzt erschienenen landeskundlichen Schriften über unser Hessenland eine sehr grosse Zahl älterer Werke und Aufsätze, die mir bisher nicht bekannt geworden waren. Ihren Nachweis verdanke ich Herrn A. Fey, Hülfsarbeiter an der hiesigen Landesbibliothek, der die grosse Güte gehabt hat, die Kataloge, z. Th. auch Bücherschätze dieser Bibliothek für die Fortsetzung der *Bibl. hass.* einer genauen Durchsicht zu unterziehen und das Resultat seiner Bemühungen in ca. 120 Beiträgen mir freundlichst zur Verfügung zu stellen. Ihm danke ich dafür auch an dieser Stelle nochmals auf das Beste. Die am Ende notirten drei Berichtigungen zum 4. Nachtrag verdanke ich den Herren Dr. Lohmeyer, Dr. Scherer (Kassel) und Dr. Weinmeister (Leipzig).

Kassel, 2. Januar 1894.

K. A.

Von weiteren, inzwischen erschienenen Bibliographien sind mir bekannt geworden:
Nordwestdeutschland. *Poppe, S. A.,* Zoolog. Litteratur über das nordwestdeutsche Tiefland v. 1884—1891. — Schriften des naturw. Vereins zu Bremen 1892, S. 237—268.
Pommern. Prof. *W. Deecke,* Die mineralogische, geologische und paläontol. Litteratur über die Prov. Pommern. — Mitthlgn. aus d. naturw. Verein für Neuvorpommern u. Rügen XXV. Jahrg. S. 54—92. Greifswald 1894.
Sachsen. *Richter, P. A.,* Litteratur der Landes- u. Volkskunde des Königreichs Sachsen. Nachtrag 1. (43 S.) Dresden 1892.
Fickel, J., Die Litteratur über die Thierwelt des Königreichs Sachsen. Programm des Wettiner Gymnasiums zu Dresden. (44 S.) Dresden 1893. 4°
Schlesien. Prof. Dr. *J. Partsch,* Litteratur der Landes- und Volkskunde der Provinz Schlesien. Heft 2. (66 S.) Breslau 1893.
Schleswig-Holstein. *Lorenzen, A. P.,* Litteraturbericht für Schleswig-Holstein, Hannover und Lübeck, 1892. — Beilage zur Monatsschrift „Heimat". (16 S.) Kiel 1893.
Lorenzen, Litteraturbericht für das Jahr 1892, ein Verz. der A. Schleswig-Holstein betreffenden, B. aus Schleswig-Holstein hervorgeg. naturwiss.-geogr. Litteratur. — Schriften des Naturwiss. Vereins für Schleswig-Holstein zu Kiel, Bd. X, Heft 1. (10 S.) Kiel 1893.
Böhmen. *Hantschel, F.,* Repertorium der landeskundl. Litteratur für das Gebiet des Nordböhmischen Excursions-Clubs. — Mittheilungen des N. E. C. zu Leipa XII, S. 242—259; XIV, S. 251—281 u. XV, S. 1—43.

A. Natur.

1. und 2. Bodenkunde.

Gutberlet, W. C. J., Einschlüsse in vulkanoidischen Gesteinen. (31 S.) Fulda 1853.

Ochsenius, C., Braunkohlen in der Lahn. — Beilage zum »Marburger Tageblatt« Nr. 222, 223 u. 251. Marburg 1891.

Brauns, R., Albit, Analcim, Natrolith, Prehnit u. Kalkspath, Verwitterungsproducte eines Diabases von Friedensdorf bei Marburg. — Neues Jahrb. f. Min. Stuttgart 1892. (Auch sep. ersch. 1,20.)

Dechen, H. v., Geologische Karte der Rheinprovinz und der Prov. Westfalen. 1 : 80000. Bl. 36 : Waldeck-Kassel. 61 : 67,5 cm. Berlin 1892. 3,50.

Koenen, A. v., Über die Kasseler Tertiärbildungen. — Neues Jahrb. f. Min. 1892, Bd. II, S. 161—162. Stuttg. 1892.

Lepsius, R., Geologie von Deutschland u. den angrenzenden Gebieten. (Bildet den 1. Bd. der Handbücher zur deutschen Landes- u. Volkskunde.) (800 S.) Stuttgart 1892. 14,—. (Hessen S. 733 ff.)

Reinach, A, v., Das Rotliegende in der Wetterau und sein Anschluss an das Saar-Nahegebiet. (34 S., 1 K. u. 6 Fig.) (Heft 8 der N. F. d. Abh. d. K. Preuss. geol. L.) Berlin 1892. 5,—.

Uthemann, A., Die Braunkohlen-Lagerstätten am Meisner, am Hirschberg und Stellberg etc. (54 S. mit 3 Taf. u. 10 Fig.) (Bildet N. F. Heft 7 der Abh. Kgl. Preuss. geol. Landesanst.) Berlin 1892. 5,—.

Schauf, W., Beobachtungen an der Steinheimer Anamesitdecke. — Ber. Senckenberg'sche naturf. Ges. (20 S. mit 4 phot. Taf.) Frankfurt a. M. 1892. (Auch sep. ersch. 3,—.)

Denckmann, A., Die Frankenberger Permbildungen. (34 S. m. 1 K.) — Jahrb. geol. Landesanst. für 1891, Bd. XII. Berlin 1893. (Auch sep. ersch. 2,—.)

Bücking, H., Der nordwestliche Spessart geol. aufg. u. erl. (274 S.) Berlin 1893. 10,—.

Petersen, Th., Über den Anamesit von Rüdigheim bei Hanau u. dessen bauxitische Zersetzungsproducte. — Jahresber. phys. Ver. zu Frankfurt a. M. 1891—92, S. 108—115. Frankfurt 1893.

Sandberger, F. v., Über den Vulkan von Schwarzenfels bei Brückenau. — Sitzungsber. der phys.-med. Ges. zu Würzburg, Jahrgang 1892, Nr. 6, S. 95. Würzburg 1893.

Kinkelin, Fr., Die Tertiär- u. Diluvialbildungen des Untermainthales, der Wetterau und des Südabhanges des Taunus. (302 S. m. 12 Abb. u. 2 K.). Berlin 1893. 10,—.

3. Hydrographie.
(Flüsse; Quellen und Balneologie.)

Beaumont, El. Pet. de. Tractat v. d. Nothwendigkeit die Natur d. Sauerbrunnen . . wobey zugl. eine Specific. der Curen, so bei den Geissmarischen Heilbrunnen . . Kassel 1703.

Schmincke, Friedr. Christ., Unmassgebliche Gedanken über Das Alterthum der Saltz-Soden bey Allendorff an der Werra. In Monimenta Hassiaca Tom. I, pag. 20. Kassel 1747.

Boettger, Christ. Henr., Beschreibung des Gesundbrunnens u. Bäder bey Hofgeismar, in zwo Preisschriften. . . Kassel 1772.

Wurxer, Ferd., Die Mineralquellen zu Hofgeismar in Kurhessen im Jahre 1825 . Marburg 1825.

Fresenius, R., Chemische Untersuchung der Georg-Victor-Quelle zu Wildungen. (23. S.) Wiesbaden 1893. 0,80.

4. Klima.

Brumhard, Zur Klimatologie des Vogelsbergs. V. Bericht der Oberhess. Gesellsch. f. Natur u. Heilkde. Giessen 1855.

Koch, B., Die Temperaturverh. von Marburg nach 24jähr. Beobachtungen an der meteorol. Station das. — Schriften Ges. ges. Nat. 1892 mit 3 Taf. (Auch sep. bei Elwert ersch. 1,50.)

5. Pflanzenverbreitung.

Bauer, P. M., Uebersicht der Leber- und Laub-Moose und Farrn im Grossh. Hessen. VI. Bericht d. Oberhess. Gesellschaft f. Natur- u. Heilkunde. Giessen 1857.

Solms-Laubach, Reinhard, Graf zu. Oberhess. Standorte einiger von mir gefundenen Laubmoose. — VI. Bericht der Oberhess. Gesellsch. f. Natur u. Heilkunde. Giessen 1857.

Botanisches aus der Kasseler u. Zierenberger Umgegend. — Tourist. Mitthlgn. aus Hessen-Nassau I., Nr. 5, S. 59 und Nr. 12, S. 156. Kassel 1892—93.

6. Thierverbreitung.

Limpert, E. u. R. Röttelberg, Biston Hirtarius var: Hanoviensis, eine neue (Schmetterlings-) Lokalvarietät. — Ber. Wetterau. Ges. Hanau 1893, S. 90—92 (mit photogr. Taf.).

Paulstich, D., Verzeichniss der Brut- und Durchzugsvögel der Wetterau, bes. Hanau. — Ber. Wetter. Ges. Hanau 1893, S. 1—46.

B. Bewohner.
1. und 2., a—e: Volkswirthschaftliches.
(Statistisches, Land- u. Forstwirthschaft; Jägerei u. Fischerei; Verkehr, Industrie, Handel u. Gewerbe; Münzwesen.)

Philipsen vonn Gottes gnaden Landtgraven zu Hessen . . . gemeine Bergkordenung, Statuta, Privilegia . . . Marburg 1537. fol.

Holtz-Ordnung des Nied. Fürstenth. Hessen. [Von Landgraf Moritz.] 1593. 4.

Schmölder, Stephan Johann, Abhandlung von Manufacturen und Fabricken besonders im Ober-Fürstenthum Hessen, auf was Art dieselbe verbessert . . Marburg o. J. 4.

Plato, G. G., Schreiben an G. Fr. v. Berberich eine Hofgeismarische Münze betreffend. Mit 64 Münzabb. auf 3 Kupfert. Regensburg 1765.

Matsko, Jo. Matthias, Dissertatio de mola in usus fabricae vasorum porcellanorum extracta. Resp. Auctor Adam Ludov. Diede. Kassel 1772. 4.

Kersting, Herm. Henr. Mor., Freymütige Gedanken und Vorschläge, in wie weit Branntweinbrauereyen nöthig und nüzlich, oder aber schädlich, und wie solche einzurichten sind, — vorzügl. in Rücksicht auf die Hessen-Kasselschen Landen. Kassel 1790.

Hahnemann, Samuel, Bereitung des Kasseler Gelbs. Erfurt, 1793. 4.

Kurzer Unterricht für die Forstbedienten der Grafschaft Hanau-Münzenberg. Hanau 1778.

Strieder, [Fr. Wilh.—], Kurzgefasste Grundlage zu einer Hess. Buchdrucker-Geschichte. Hess. Denkwürdigkeiten v. Justi. Thl. III. Marburg 1802.

Stein, Georg Wilhelm, Was war Hessen der Geburtshülfe, was die Geburtshülfe Hessen? S. l. 1819. 4.

Strafordnung v. 30. Dec. 1822 für die Jagd-, Forst- u. Fischerei-Vergehungen. o. O. u. J. 4.

Hirten-Ordnung, Kurhessische Hirten-Ordnung. 1828.

Das Hessische Staats-Recht. Buch IX. Vom Forstwesen. 3 Bde. Darmstadt 1834/44.

Amtl. Tabellen z. Umrechnung d. kurh. Scheidemünzen nach der älteren u. der neuen Eintheilung des Thalers im 14 Thalerfusse, desgl. der Gulden u. Kreuzer ... gemäs § 7 des Münzgesetzes v. 18. I. 1841. Kassel.

Landau, G. — Geschichte des Weinbaues. Kassel 1842.

Stölzel, Adolf, Geschichtliches über den Wein- u. Branntweinschank in Kurhessen.

Die allgemeinen polizeilichen Anordnungen f. d. Residenzstadt u. den Landkreis Kassel. Amtl. Ausg., nach der Bearbeitung des .. Daube. Kassel 1857.

Hahndorf, S., Bericht über ein vom Verein für Handel und Gewerbe in Kassel verlangtes Gutachten: »den zünftigen Gewerbebetrieb betreffend«. Kassel 1860.

Hahndorf S., Zur Geschichte der deutschen Zünfte. Kassel 1861.

An ein Hohes Kurf. Hess. Staats-Ministerium ergebene Vorstellung, Protestation und Bitte obseiten Unterzeichneter betr. Staatl. Wiederanerkennung specif. Handwerksrechts. Vom Vorstand des Handwerkerbundes. Hamburg 1863. fol.

Die Gewerbefrage vor dem Kurhess. Landtage. Kassel 1863. 8.

Sammlung der gesetzlichen Vorschriften in Betreff des allgem. deutsch. Handelsgesetzbuches f. d. Kurhess. Staat. Kassel 1865. 4.

Mucke, Jo. Rich., Die Beschwerde des Mitteldeutschen Handelsvereins gegen Kurhessen beim Bundestage wegen Verletzung der mit ihm abgeschlossenen Verträge. Königsberg i. Pr. 1873.

Beschreibung, Kurze der Holzbestände in der Oberförsterei Rossberg, welche bei .. zur Besichtigung kommen werden. Kassel 1877.

Beschreibung, Kurze .. der allgemeinen Verhältnisse u. der Holzbestände in der Oberförsterei Wolfgang ... Kassel 1878.

Entgegnung auf die dem Entwurfe eines Gesetzes, betr. die Verwerthung der Forstnutzungen in den vormals Kurh. Landestheilen .. beigefügte Denkschrift. Berlin 1879. 4.

Freudenstein, Otto, Geschichte des Waldeigenthums in der vormaligen Grafschaft Schaumburg .. Hannover 1879.

Beschreibung, Kurze .. der allgemeinen Verhältnisse u. der Holzbestände in der Oberförsterei Wellerode .. Kassel 1881.

Enneccerus, Ein Höferecht f. Hessen. Beschlüsse des Communallandtages f. d. Regierungsbez. Kassel. Kassel 1882.

Statut der Schmiede-Innung zu Kassel und Neben-Statut der Schmiede-Innung zu Kassel. Kassel 1884.

Böckel, Die Güter-Schlachterei in Hessen. Ein Mahnruf an das deutsche Volk. In »Brennende Fragen«. Hgg. von Thomas Frey, Nr. 21. Leipzig 1887.

[Seelig, F.], Die Einwirkung der Fuldakanalisirung auf die Fischereiverhältnisse der Strecke und des Wesergebietes. — Fischereizeitung, allg., Nr. 16 u. 17, 1890.

Dommer, A. v., Die ältesten Drucke aus Marburg in Hessen 1527—1566. Marburg 1892.

Grotefend, W., Die Lage der Gewerbe in Hessen unter Landgraf Wilhelm dem Weisen nach Acten der Residenzstadt Kassel. — Vortrag abgedr. in der Kasseler Allg. Ztg. 1892, Nr. 93—119. (Auszug daraus in Mitth. Ver. hess. Gesch. 1892, S. 13 ff.)

Gerland, W., Das Althessische Gestüt Zapfenburg, spätere Beberbeck. — Sporn XXX, Nr. 4. Berlin 1892.

Hartmann, A., Die Grundzüge des Kurhessischen Gesinderechtes, ein Wegweiser für Dienstherrschaft und Gesinde. (15 S.) Rinteln 1892. 0,20.

Meyer, E., Die Seidenzucht in Hanau im vorigen Jahrhundert. — Hessenland VI, S. 233 ff. Kassel 1892.

Regel, F., Der Thüringerwald und seine Forstwirthschaft. — Deutsche Geogr. Blätter XV, Heft 1. Bremen 1892.

Ruhl, J., Beitrag zur Geschichte des Postamts Bebra. — Zeitschr. Ver. hess. Gesch. N. F. XVII, S. 305—349. Kassel 1892.

Drach, C. A. v., Geschichte der Porzellainfabrik in Neu-Hanau — Deutsche Töpferzeitung, Leipzig 1893, auch abgedr. in Hessenland VII, S. 56 ff. 1893.

Gerland, W., Die Geschichte der Wildpferdezucht in Sababurg. — Auszug dieses Vortrags in »Mitthl. Ver. hess. Gesch. 1892«, S. 34—36. Kassel 1893.

Voigtländer, R., Das Verlagsrecht an Schriftwerken, musikal. Compositionen und Werken der bildenden Künste. Leipzig 1893. 2.50. (Hessen in II, A, 4.)

3. Geistige Cultur.

a. Religions- und Kirchenwesen.

Schminckius, Joh. Herm., De Synodo Hombergensi. [Auctore Otto Ludvico Adams.] Marburg 1721. 4.

Verordnung. Statt gemeinen Ausschreibens, worinnen viele in der Kirchen-Reformation . . gar heylsame Puncten wiederholet und deren Beobachtung Jedermänniglich, den es angehet, wohl eingeschärffet werden . . Kassel (Druck v. Henr. Harmes.) 1726. 4.

Holzapfel, Joh. Gottl., Nachricht v. d. neuen Evang. Luth. Gesangbuche in den Hess.-Cass. Landen, wie dass. entstanden u. z. Schmalk. eingeführt ist . . . Schmalkalden 1787.

Zur Hess. Synodalfrage. Preuss. (K r e u z-)Z e i t u n g Nr. 240. Berlin 1869. Fol.

Zülch, Hermann, Anmerkungen zu der Schrift des Herrn Generalsuperintendenten Martin : Die Opposition gegen das Consistorium . . Kassel. o. J.

Die Acten des Strafverfahrens des Consistoriums zu Cassel gegen Metropolitan Vilmar . . Leipzig 1871.

Pfeiffer, Friedrich, Einige Worte über die kirchliche Stellung des Pfarrers Kolbe zu Marburg u. s. Gesinnungsgenossen z. d. unirten Gesammtconsistorium . . Melsungen 1873 . .

Achelis, E. Chr., Der Entwurf zum Kirchengesangbuch f. d. evang. Gemeinden des Consist.-Bezirks Kassel. Kassel 1887. Materialien z. Beurtheilung dess. Marburg 1888.

Hochhuth, H., Geschichte der hess. Diöcesansynoden von 1569—1634. Nach den Synodalacten bearb. Die Synoden der Diöcese Rotenburg (Allendorf, Eschwege). (143 S.) Kassel 1893. 2,40.

b. Schulwesen.

Mahrt, Joh. Mich. und *Geo. Matth. Plitt*, Seminarii et Scholae Wetteraviae reale eucomium. — oder der Hess. Stadt Wetter Ehren-Lob und Tugend-Prob durch berühmte Wetterauer. Marb. 1724.

Richter, Carl Ludwig, Nachricht von der Stiftung des Lycei. Progr. des Lycei Frider. Kassel 1785. 4.

Schmieder, K. Chr., Nachtrag zu der Nachricht von der Verfassung der Bürgerschule zu Kassel (Realschule, eig. Bürgerschule u. Vorb. Schule). (16 S.) Gedruckt in d. Hampe'schen Druckerei. Kassel 1819.

Suabedissen, Th. A., Allg. Gedanken von dem Unterricht u. der Disciplin in Bürgerschulen u. Lyceen. Einladungsschrift zu der auf den 1. Oct. (1812) bestimmten Eröffnung des neuen Lyceums u. der neuen Bürgerschule zu Kassel. Kassel in der königl. Buchdruckerei 1812.

Verzeichniss der studentischen Corporationen der hiesigen Universität unter Beifügung der Zirkel, des Gründungsjahres u. der Farben derselben. — Beil. zum Marburger Tageblatt Nr. 251. Marburg 25. X. 91.

Knabe, K., Die älteste selbständige Realschule in der Provinz Hessen-Nassau. — Ztschr. hess. Gesch. XVIII, S. 1—112. Kassel 1893. (Bildet den ersten Theil des folg. Werkes.)
Knabe, K., Vorgeschichte u. Entwicklung der Oberrealschule (in der Hedwigstrasse) zu Kassel (1812—1893). Als Festschrift zu der 4. V. 93 stattf. Gedenkfeier des 50jähr. Bestehens verfasst. (175 S.) Kassel 1893.
Die 50jähr. Jubelfeier der Oberrealschule zu Kassel. — Hess. Morgenzeitung Nr. 209—216, 4. bis 9. Mai. — Hess. Post Nr. 122 u. 123, 4. u. 5. Mai. — Kassler Allg. Z. ebenda. — Kass. Tagebl. 122—124, 4., 5. u. 6. Mai. — Kass. Journal Nr. 55, 7. Mai 1893. — Progr. der Oberrealschule 1894, Schulnachrichten S 17—37.
Die Medaille zum Jubiläum der Oberrealschule in Kassel. — Monatsblatt der numismat. Ges. in Wien Nr. 124, S. 298. Wien 1893. — Numism.-sphragistischer Anzeiger XXIV. Jahrg., Nr. 8, S. 77. Hannover 1893. — Der Sammler XV, Nr. 12, S. 190 und Nr. 13, S. 201. Berlin 1893.
Knabe, K., Übersicht über die Entwicklung des Realschulwesens in der Provinz Hessen-Nassau. — Zeitschrift für lateinlose höhere Schulen, 1893, Septbr.-Heft. Köln 1893. (Auch sep. bei Klaunig in Kassel erschienen.)
Koppen, L., Zur Geschichte der Hohen Landesschule (in Hanau). — Mitthlgn. Ver. hess. Gesch. 1892, S. 47—79. Kassel 1893.
Stein, J., Geschichte der israelitischen Lehrerconferenz Hessens. Actenmässig dargestellt und der in Kassel am 3. VII. 93 stattf. 25. Jahresvers. gewidmet. (52 S.) Kassel, Druck v. Gebr. Gotthelft, 1893.
Falckenheiner, W., Die Annalen u. die Matrikel der Universität Kassel. — Ztschr. hess. Gesch. N. F. XVIII, S. 190—326. Kassel 1893.
Knabe, K., Über Schulmünzen im ehemaligen Kurhessen. — Programm der Oberrealschule zu Kassel. (22. S.) Ostern 1894.
Wittich, W., Rückschau auf die 25jähr. Geschichte der Schule. 4° Programm. Realgymnasium. Kassel 1894.

c. Wissenschaft und Kunst,
incl. Sammlungen und Vereine.

Stegmann, Joh. Gottl., Abhandlung von den grossen Verdienst Landgr Carl I. um die mathematischen Wissenschaften. Eine Einlád.-Schrift. Kassel 1755. 4.

Wepler, Joh. Heinr., Nachricht von denen auf Hochfürstl. Biblioth. in Kassel befindl. morgenländ. Handschriften. Progr. Kassel 1778. 4.

Casparson, Allgem. Beschreibung des Musei Friedericiani zu Kassel. — Hessische Beiträge Bd. I, Nr. 5. Frankfurt a. M. 1785.

Wepler, J. H., Beschreibung der auf Hochf. Casselischen Bibliothek befindl. arabischen Handschriften. — Hess. Beiträge Bd. I, Stück 3. Frankfurt 1785.

Histor. Uebersicht der in Kurhessen früher bestandenen St. Joh. Freimaurer-Logen. Hgg. v. J. G. Luckhardt. Kassel, o. J. Fol.

Dehn-Rothfelser, H. v., Die Gemäldegallerie-Gebäude zu Cassel. Mit 4 Kupfert. Berlin 1879. Fol.

[Pinder, Eduard,] Fest- u. Gedenkblatt zur Feier des 23. Mai 1879, des 100jähr. Bestehens des Museum Fridericianum zu Kassel. Kassel o. J. (79.)

Kohler, J., Die Kasseler Bildergallerie. — Gegenwart Bd. 42, S. 263. Berlin 1842.

Die Theater in Europa . . Kassel, Das Königl. Theater. — Signale f. d. Mus. Welt 1887. Nr. 47. 48. Leipzig 1887.

Scherer, C., Die Kasseler Bibliothek im ersten Jahrhundert ihres Bestehens (16. u. 17. Jahrh.). — Ztschr. hess. Gesch. N. F. XVII, S. 224—259. Kassel 1892. (Auch sep. erschienen.)

Scherer, C., Zur Geschichte der Schmalkalder Kirchenbibliothek. Eine Berichtigung. — Ztschr. Ver. hess. Gesch. N. F. XVII, S. 260—263. Kassel 1892.

Scherer, Chr., Die Porzellansammlung des Schlosses Wilhelmsthal bei Kassel. — Ztschr. Ver. hess. Gesch. N. F. XVII, S. 440—460. Kassel 1892.

Nebelthau, J., Zur Geschichte der ältesten Zeitung in Hessen u. ihres Begründers. — Hessenland VI, S. 245 ff. u. VII, S. 21 ff. Kassel 1892 u. 93.

Schwenke, P., Adressbuch der deutschen Bibliotheken. Heft 10 der Beihefte des »Centralblattes für Bibliothekswesen« 1893. Hieraus Abdruck »die öffentl. Bibl. in Hessen« im Hessenland VII, S. 160. 1893.

4. Volksthümliches.
(Sagen, Gebräuche, Trachten u. dergl.)

Dilich, Wilhelm, Beschreibung und Abriss dero Ritterspiel, so der Durchlauchtige, Hochgeborne Fürst und Herr, Herr

Moritz, Landgraff . . auff die fürstl. Kindtauffen . . halten lassen. Kassel 1601. Fol.

Jacobi, Victor, Die blinden Hessen. Leipzig 1865.

S a m m l u n g historischer Bildnisse und Trachten aus dem Stammbuche der Katharine v. Canstein. Unter Mitwirkug des Freih. C. R. v. Canstein. Hgg. von F. W a r n e c k e. Berlin [1887]. Fol.

Achleitner, A., Ungedruckte Sagen aus der Rhön. — Bayerland 1890, S. 405.

Craemer, P., Die Jagd im Spessart in Sage und Geschichte. (166 S. m. 2 Pl., 4 Bild. u. 1 K.) München, Pohl 1892.

H e s s e n - L i e d e r mit Melodien-Anhang. Melsungen, W. Hopf 1892.

Hoffmeister, Ph., Schatzkästlein. Eine neue Sammlung von Märchen, Sagen etc. aus dem Heimatland der Brüder Grimm. Mit Vorw. v. Dr. H. Brunner. Kassel 1892. 1,80.

Matthias, R., Die Volksbotanik des Kreises Schmalkalden. (Vortrag geh. im Ver. f. Hennebergische Geschichte zu Schmalkalden im März 1892). — Zeitschr. f. Volkskunde IV, S. 145 ff. Leipzig 1892.

Schneider, E., 66 hessische Sagen. (72 S.) Marburg 1892. 0,50.

Elben, H. (Fritz Bode), Bilstein. Sang und Sage aus dem Werrathale. 3. Aufl. (80 S.) Lpz. 1893. 3,—.

Hessler, K., Sagenkranz aus Hessen-Nassau u. der Wartburg-Gegend. 2. Aufl. (224 S.) Kassel 1893. 2,50.

5. Allgemeingeschichtliches.

(Ethnographie, Territorialkunde, Ortsnamen, Alterthümer.)

Pars Adrianus, Catti Aborigines Batavorum dat is de Vooronders der Batavieren ofte de twee Katwyken. Leiden 1697.

Estor, Specimen de statu et origine Landgraviatus Hass. Giessen 1729. 4.

Schminckius, Joh. Herm., Diss. de urnis sepulchralibus et armis lapideis veterum Chattorum. Leipzig 1741. 4.

Arnold, Wilh., De origine ac jure antiquissimo quarundam civitatum Hassiocarum. Diss. inaug. Marburg. Kassel 1849.

Landau, G., Altgermanischer Boden und die Städte. [Zeitungs-Ausschn.] Frankfurt 1861. 4.

Arnold, W., Ansiedelungen u. Wanderungen deutscher Stämme. Zumeist nach hessischen Ortsnamen. 2. unv. Auflage. Marburg 1881. 16,—

Suchier, Reinhard, Weitere römische Münzen u. Stempel a. d. Nähe von Hanau. Festgabe z. d. Jahresvers. d. Vereins f. hess. Gesch. Hanau 1885. 4.

Roques, H. v., Denkschrift über das Studium u. die Herausgabe der Flur-, Forstorts- u. Dorfstellen-Namen, sowie der Geschichte der Ortschaften. — Beilage zu »Mittheilungen des Ver. hess. Gesch. 1892«. Kassel 1893.

C. Eigentliche Landes- und Ortskunde.

1. Gesammthessen.

Bangen, (Joh.), Chronik von allerhand denkwürdig. Sachen, Thaten u. Händeln, so sich in Hessen u. Thüringer Landschaft .. von Anfang der Welt bis 1599 begeben .. Mühlhausen 1600. 4.

Wessel, Wilhelm, Hessisches Wapenbuch: Darinnen auch Die Fürsten zu Hessen, so in 593 Jahren Von Ludovico I. Biss auff unsere jetzt löbl. Regierende Fürsten u. Herrn L. Moritzen I. L. Ludwigen IV. Das löbl. Fürstenth. Hessen regieret .. Kassel 1621.

Wigand, Carl Samuel, Kleine Hessische Chronik für die Jugend. Kassel Thl. I—III, 1792—95.

Bundschuh, Joh. Kasp., Hessen nach seinen neuesten physischen, gewerbl., wissensch., polit. u. örtl. Verhältnissen. Ein Versuch. Lemgo 1803. Dess. Nachtrag 1804.

Neueste Länder- u. Völkerkunde. Ein geogr. Lesebuch für alle Stände. Bd. XXII. Mecklenburg, Kur-Hessen, Hessen-Darmstadt u. die freien Städte. Mit Charten und Plänen. Weimar 1823.

Bergmann, Leo, Stammtafel des Gesammthauses Hessen in den einz. Linien geneal. u. hist. herald. . Leipzig 1854. Fol.

[Vilmar, A.], Hessische Chronik. Marburg 1855. 4.

Strippelmann, J. G. L., Beiträge zur Geschichte Hessen-Cassels. Hessen — Frankreich. Jahr 1791 bis 1814. Bd. I. 1791 bis 1806. Marburg 1879.

Kleinschmidt, A., Geschichte des Königreichs Westfalen. (678 S.) Gotha 1891. 12,—.

Liebenow, W., Topographische Karte der Rheinprovinz und der Provinz Westfalen. 1:80000. Bl. 36. Waldeck-Kassel. 61:67,5 cm. Berlin 1892. 1,—.

Roques, H. v., Die Bekehrung Hessens zum Christenthum. — Hessenland VI, S. 311 ff. u. VII, S. 2 ff. Kassel 1892 u. 93.

Lohmeyer, E., Verzeichnis neuer Hessischer Literatur. Jahrgang 1892 nebst Nachträgen zu früheren Jahrgängen. — Mitthlgn. Ver. hess. Gesch. 1892, S. 161–222. Kassel 1893. (Auch selbständig bei Brunnemann erschienen.)

Mittheilungen, Touristische, aus Hessen-Nassau u. Waldeck Herausg. v. Dr. F. Seelig. I. u. II. Jahrg. Kassel 1892 u. 93.

Zwenger, F., Die Erhebung der Landgrafschaft Hessen-Kassel zum Kurfürstenthum. — Hessenland VII, S. 128 ff. 1893.

Schneider, J., Hessische Städte u. hessisches Land vor 100 Jahren. — Hessenland VII, S. 286 ff. 1893.

Münscher, Fr., Geschichte von Hessen. Für Jung u. Alt erzählt. Marburg 1893. 6,—.

Trinius A., Alldeutschland in Wort u. Bild. Eine malerische Schilderung der deutschen Heimat. (Der 1. Bd. [431 S. m. 79 Illustr.] enth. aus uns. Geb. hohe Rhön u. Thüringen, der 2. [439 S. m. 65 Illustr.] Spessart, Taunus, Wilhelmshöhe.) Berlin 1893. à 5,40.

2. Einzelne Orte.

Amöneburg. *Braun, Joh. Conr.*, De jure consuetudinum praesertim aliquarum in Satrapia Amoeneburgensi vigentium. Marburg 1717. 4.

Breitenau. *Becker*, Nachrichten von dem ehemal. Benediktinerkloster Breitenau in Niederhessen. Hess. Beiträge Bd. II. Frankfurt a. M. 1787.

Bilstein. *Frederking, H.*, Der Bilstein bei Grossalmerode. — Tourist. Mitth. II, Nr. 1. Kassel 1893.

Felsberg. *Fenge*, Beiträge zur Geschichte der Stadt Felsberg. — Hessenland VII, S. 33 ff. 1893.

Frankenberg. *Gerstenberger, W.*, Franckenbergische Chronica. 1619. Fol.

Emmerich, J., Sammlung der alten Rechte u. Gewohnheiten der Stadt Franckenberg. — Monum. Hass. Bd. II p. 696. Kassel 1748.

Eschwege mit **Meissner.** *Stendell, E.*, Beiträge zur Geschichte der in der Umgegend der Stadt Eschwege ehemals angeschlossenen niederadlichen Geschlechter. (29 S.) Eschwege 1892. 0,50.

Seelig, F., Zeugnisse u. Bemerkungen zum Bergnamen Wissner oder Meissner. — Tourist. Mitthlgn. aus Hessen-Nassau u. Waldeck. I. Jahrg., Nr. 8 ff. Kassel 1893.

Seelig, F., Wie sollte der König der niederhessischen Berge eigentlich heissen? — Hessenland VII, S. 51—52. 1893.

C. Eigentliche Landeskunde. — 2. Einzelne Orte.

Leitfaden zu der am 2. Sept. 1876 nach dem Meissner stattfindenden forstl. Excursion. Kassel 1876.

Fulda. *Schannat, Joa. Frid.*, Vindemiae litter., hoc est veter. monum. ad Germaniam sacr. spectant. Coll. I Vetus Diptycon Fuldense. Fulda 1723. Fol.

Schoettgenius, Christ., Diplomataria et Scriptores hist. Germ. medii aevi. Vol. I. Traditiones Fuldenses. Altenburg 1753. Fol.

Annales Fuldenses. Monumenta Germaniae historica .. edidit Georgius Heinr. Pertz. Scriptorum tomus I pag. 95. 337—415. Hannover 1826. Fol.

Zimmermann, Geo., De rerum Fuldensium primordiis. Giessen 1841. 4.

Malkmus, G. Jos., Fuldaer Historienbüchlein. Fulda 1872.

S., W.—, Fulda. Über Land u. Meer. Bd. XLVIII, S. 1009. Stuttgart 1882. Fol.

Abée, Oberl. Vict., Die Fuldaer Wahlstreitigkeiten im 12. Jahrh. unter Abt Markward 1. Jahrb. des Ver. f. Ortsu. Heimatskde. in der Grafschaft Mark. (40 S.) 1892. (Auch sep. Kassel, Hühn. 0,75.)

Kind, J., Plan der Stadt Fulda. Fulda 1892. 0,20.

Schneider, J, Die Ritterburgen der vormaligen Abtei Fulda. — Ztschr. hess. Gesch. N. F. XVII, S. 121—175. Kassel 1892.

Zwenger, F., Die Auflösung des Benediktinerklosters zu Fulda. — Hessenland VI, S. 273 ff. Kassel 1892.

Guba, Der Kurfürstentag zu Fulda im J. 1568. — Programm der Dreikönigsschule (Realgymnasium) in Dresden. — Neustadt 1894.

Gelnhausen. *Ruhl, J. E.*, Gebäude des Mittelalters zu Gelnhausen in 24 mal. Ansichten. Frankfurt a. M. o. J. Fol.

Benkard, Joh. Phil., Die Reichspaläste zu Trebur, Ingelheim u. Gelnhausen . . . Frankfurt 1857.

Rullmann, J., Urkundliche Nachweise über die Anwesenheit der Hohenstaufen in der freien Reichsstadt Gelnhausen. Gelnhausen 1883.

Haina. Stiftungsurkunde Philipps des Grossm., betr. Landeshospitals Haina im Jahre 1533. [Lith Nachbildung.] Fol. (Landesbibl. Kassel.)

Hanau. *Rosenstein, Henr.*, Uhrplötzl. Sonder- und wunderbare Erlösung der Stadt Hanau den 13. Juni 1636 durch

H. Landgraf Wilhelm zu Hessen . . in einer Dank-Predigt gerühmt. Hanau 1636. 4.

Breidenstein, Johann Philipp, Die Traurige Schicksale Der Stadt Hanau In dem 30jähr. Krieg, Sonderlich aber derselben 9monatl. Belagerung . . . Hanau 1767. 4.

Hundeshagen, Bernhard, Die Belagerung u. Entsetzung der Stadt Hanau im 30jähr. Kriege. Ein Beitrag z. Gesch. jener Zeiten . . Hanau 1812.

Arnd, K., Zeitschrift für die Prov. Hanau. Bd. I. Hanau 1839. 4.

Pressel, G., Kurzgef. geschichtl. Darstellung d. letzt. polit. Ereignisse i. d. Stadt Hanau, von ihrem ersten Entstehen bis zur Vollendung des grossen Aktes am 12. März 1848. Hanau [1848].

[Emmel, Hermann], Die Schlacht bei Hanau am 30. u. 31 Oct. 1813 in allgemeiner Darstellung u. Einzelbildern . . Hanau 1863.

Roeder, G. W., Histor. Beiträge zur Geschichte der Schlacht bei Hanau am 30. u. 31. Oct. 1813. In Mittheilungen des Hanauer Bezirksvereins f. hess. Gesch. Nr. 3. Hanau 1863.

Schleucher, Fritz, Gedenkbüchlein zum 13. Juni 1886 der 250jähr. Feier der Entsetzung Hanaus durch Landgraf Wilhelm V. . . O. O. u. J.

Hess. Urkundenbuch. Abth. II. H. Reimer, Urkundenbuch zur Gesch. d. Herren von Hanau . . Publicationen d. Preuss. Staatsarchive. Bd. XLVIII. Berlin 1891.

Suchier, R., Über Grabsteine, gefunden in der Eschenallee etc. — Mittheilungen Ver. hess. Gesch. 1892, S. 37—43. Kassel 1893.

Zwenger, F., Die Schlacht von Hanau. — Hessenland VI, S. 216 ff. Kassel 1892.

Helmarshausen. *Weingärtner,* Die Abtei Helmarshausen. — Hess. Blätter 24 Bd. Nr. 1889. Melsungen 29. X. 92.

Hersfeld. *Kirchner, Hermann,* Heroica decantatio bellicarum exercitationum ad Hersfeldiam habitarum, nec non navigationis in Fulda fluvio instituta. Kassel 1601. 4.

Ausfeld, E., Lambert von Hersfeld und der Zehntstreit zwischen Mainz, Hersfeld und Thüringen. Marburg 1880. 1,50.

Herolfesfeld. — Hess. Blätter 24. Bd. Nr. 1884 ff. Melsungen 10. X. 1892 ff.

Demme, L., Nachrichten und Urkunden zur Chronik von Hersfeld. 2. Bd. Von 1618—1756. Mit 82 Beilagen. (360 S.) Hersfeld 1893. 4,50.

Hallenberger, J., Führer durch Hersfeld. (78 S.) Hersfeld 1893. 1,25.

Homberg. Ungedruckte Jahrb. der stadt Homberg in Hessen. Estor Marb. Beiträge II p 246. Marburg 1749.

Kurze Relation von der Verheerung u. Zerstörung des Schlosses und zum Theil der Stadt Homberg in Hessen. — Marburger Anzeiger 1780. Stück 23, 27 u. f.

Kaldern. *Heldmann, A.*, Über die Geschichte des Klosters Kaldern. — Vortragsauszug in »Mitth. Ver. hess. Gesch. 1892«, S. 85—88. Kassel 1893.

Karlshafen. *Endemann, Jo. Conr.*, Oratio Panegyrica in Laudem atque Eucomium urbis Carlshaviae. Kassel 1722. Fol.

Francke, Rudolf, Die Geschichte der Stadt Karlshafen und ihrer franz. Colonie. Nebst e. Führer in die Umgegend. Karlshafen 1890.

Kassel. *Vilmar, Joh. Heinr.*, Nachricht von der neu erbauten Garnisonskirche zu Kassel nebst der Rede welche bei Legung des Grundsteins 22. IV. 1757 ist gehalten worden. Kassel 1757. 4⁰.

Mémoire abrégé de ce qui s'est passé au siège de Cassel En 1761. Par L. C. R. D. S. L. [Schaumburg-Lippe.] o. O. 1762. 4.

Journal de la défense de Kassel par M. le comte de Broglie . . investie le 15. Febr. 1761 . . Frankfurt a. M. o. J. 4.

Casparson, W. J. C. G., Die glücklichen Epochen der fürstl. Hess. Haupt- und Residenzstadt Kassel . . Als eine Einladung zur Feyerlichkeit des Collegii illustr. Carolini . . Kassel 1783. 4.

Casparson, W. J. C. G., — Kurtze Geschichte sämmtlicher Hessen Kasselischen Frantzösischen Colonien vom Jahr 1685 bis auf die diesjährige Jubelfeyer der Colonie in der Haupt- und Residenzstadt Kassel. Kassel 1785.

Raffin, Gabr. Louis, Sermon sur le Jubilé de l'Eglise française de Kassel. Kassel 1786.

Gier, H. — Plan der Residenzstadt Kassel. Kassel o. J. Fol.

Lynker, Karl, Histor. Schilderung der Ereignisse, welche sich von Anfang März bis Mitte April 1848 in Kassel zugetragen haben. Kassel 1848.

Renouard, C. — Die Belagerung von Kassel durch den Grafen Wilhelm von Schaumburg-Lippe-Bückeburg während eines Theiles des Feldzuges vom Jahre 1761. In »Zeit-

schrift für Kunst, Wissenschaft u. Gesch. des Krieges
1853. 2. Berlin 1853.

L. C. — Die grosse Parade der Kasseler Namen. — Tages-
Post 1865 Nr. 1015. Kassel 1865.

Bau-Ordnung für die Residenzstadt Kassel u. einen Theil
der Gemeindebezirke von Wehlheiden, Wahlershausen und
Kirchditmold. Kassel 1874.

Führer durch Kassel u. s. Umgebung. Den Theilnehmern
des 22. Vereinstages des Allgem. Verbandes d. deutschen
Erwerbs- und Wirthschafts-Genossenschaften gewidmet.
Mit 1 Pl. v. C. W. Kassel 1881.

R. H. — Plaudereien über das malerische Kassel. Morgenzeitung 1883, Nr. 11869. Kassel 1883. Fol.

Brunner, H., Das Kasseler Dechaneigebäude von St. Martin.
— Kasseler Allgemeine Zeitung 1891, Nr. 32.

Schneider, H., Die Thürme der St. Martinskirche zu Kassel.
— Ztschr. f. christl. Kunst. V, Heft 10. Düsseldorf 1892.

Knetsch, K., Inschriften an Kasseler Gebäulichkeiten. —
Hessenland VII, S. 235 ff. 1893.

Scherer, Chr., Eine Napoleonsstatue von Chaudet. — Ztschr.
f. bild. Kunst, herausg. v. Lützow, IV. Bd. S. 142—145.
Lpz. 1893. (Betr. die Statue Napoleons I., die vom 12.
XI. 1812 bis 30. IX. 1813 auf dem Königsplatze stand
und jetzt in der Landesbibliothek aufbewahrt wird.)

Stange, C., Auf Reisen! Illustr. Führer etc. Heft 12: Kassel
u. Wilhelmshöhe (12 S.) Frankenberg 1893. 0,35.

Thümmel, Entfernungstabelle für die Umgegend von Kassel.
(47 S.) Kassel (Schlemming) 1893.

Beschreibung der Garnison Kassel vom Standpunkt der
Gesundheitspflege aus aufgestellt. (Geogr. Lage, geolog.
Verh., Klima etc.) Mit 2 K., 56 Taf. u. 1 Abb. Berlin 1894. 8,00.

Kaufungen. Nachricht von dem Ursprung des Benedictiner
Nonnen Closters zu Kauffungen. Analecta Hass. coll. III.
Marburg 1730.

Marburg. *Bücking, W.*, Vollständige Reihenfolge der seit
1450 der Stadt Marburg vorgest. Bürgermeister, Schöffen
etc. Marburg 1881. 4°. 3,—.

Bücking, W., Reihenfolge der seit d. Reformation bis jetzt
der oberhess. luth. Diöcese vorgest. Superintendenten. Mit
Autographen. Festschr. Folio. Marburg 1883. 0,60.

Bücking, W., Das Innere der Kirche der h. Elisabeth zu
Marburg vor ihrer Restauration. Mit einem Plan der
Elis. Kirche nebst Umgebung. Marburg 1884. 0,60.

Bücking, W., Wegweiser durch die Strassen und durch die Geschichte der Stadt Marburg und deren nächste Umgebung. 3. erw. Aufl. Mit Plan. Marburg 1891. 1,—.

Mannfeld, B., Die Universität Marburg, radiert 1891. Lübeck 1892. Verschiedene Ausgaben von 30,00 bis 350,00.

Bickell, L., Album von Marburg. 15 Photogr. in 4⁰. Marburg o. J. (Elwert). 15,00.

— — 15 Ansichten in Lichtdruck nach Photographien. Cabinetform. Ebda. 5,00.

Zölffel, B., Das neue physiologische Institut in Marburg. — Ztschr. f. Bauwesen. Berlin 1892. (Mit Holzschn. u. Taf.)

Heldmann, A., Landgraf Georg II. und die St. Elisabethkirche zu Marburg a. L. Ein Beitrag zur Beleuchtung der St. Elisabethkirchen-Sache. (27 S.) Marburg 1893. 0,40.

Meissner s. Eschwege.

Melsungen. *Armbrust, L.*, Melsungen während des 7jährigen Krieges. — Hessische Blätter XXV. Nr. 1992 ff. Melsungen 4. Nov. 1893 ff.

Oberhessen. *Frommann, M.*, Karte vom Grossherz. Hessen mit Berücksichtigung der angrenzenden Länder. 25. Aufl. 1 : 280 943. Giessen 1893. 2,80.

Schneider, Führer durch Oberhessen und die angrenzenden Gebiete. 2 Theile: 1. Das obere Lahn-, Edder-, Nuhne-, Ohm- und Schwalm-Thal (91 S. m. 2 K. u. 1 Pl.) 2. Das untere Lahn-, Salzböde- und Dill-Thal (69 S. 2 K. 1 Pl.) Marburg 1893. 1,50, bezw. 1,20.

Rhön. *Gross, F.*, Karte der Umgebung von Gersfeld in der Rhön. 1 : 50000. Gersfeld 1892. 0,80.

Hossfeld, C., Karte des Rhöngebirges in horizontalen Schichten von 50 m Höhe. 1 : 100000. 62,5 : 49,5 cm. Eisenach 1892. 0,65 (auf Leinwand. 1,00).

Kind, J., Karte der kuppenreichen Rhön. 1 : 85000. 28,5 : 36 cm. Fulda 1892. 0,30.

Oberschulte, F., Der Bau des Milseburgtunnels im Zuge der Nebenbahn Fulda-Hilders-Tann. Imp. Fol. (13 S. m. 15 Abb. u. 5 Kupfertaf.) Berlin 1892, 50. (Aus „Zeitschr. f. Bauwesen.")

Trojan, J., Etwas von der Rhön. — Sonntagsbeilage Nr. 44 zur Nationalzeitung Nr. 605. Berlin 30. X. 92. (Es handelt sich um den „Ibengarten" [Eibenbäume] bei Dermbach.)

Rinteln. *Wassencamp, J. M.*, Von den vor Kurzem auf und bey den hiesigen Pulvermagazine errichteten beyden Blitzableitern. Progr. d. Ernestinischen Univers. Rinteln. 1788. 4.

Paullinus, Christianus Franciscus, Historia nobilis secularisque virginum collegii Visbeccensis diocces. olim Mindensis .. Frankfurt a. M. 1699. 4.

Rotenburg. *Doemich*, Zur Geschichte der Stiftskirche in Rotenburg a. F. Festschrift. Druck von Bertelsmann in Rotenburg. 1892.

Schmalkalden. Geschichtskalender der Herrschaft Schmalkalden. — Ztschr. Ver. Henneb. Gesch. XI. Schmalkalden. 1893. 2,00.

Schwalm. *R., H.*, Das Schwalmthal und' die Schwälmer (Feuilleton der N. Frankfurter Zeitung, 1861 Nr. 174—177.) 4.

Schwarzenborn. *Neuber, K.*, Geschichte der Stadt Schwarzenborn. — Touristische Mittheilungen aus Hessen-Nassau. I. Jahrg. Nr. 10 ff. Kassel 1893.

Spessart. *Bücking, H.*, Der nordwestliche Spessart geologisch aufgenommen und erläutert. Herausg. v. d. k. preuss. geol. Landesanst. (274 S.) 1 K., 3 Taf. u. 3 Bl. Erkl. Berlin 1893. 10,00.

Dietz, A., Wegweiser durch den Spessart, mit Touristenwegkarte. (69 S.) Würzburg 1893.

Karte vom Spessart mit Umgebung. 1 : 10000. 78 : 64 cm. München 1893. 3,00.

Wilhelmshausen. *Sg. [Seelig], F.*, Neues von der alten Kirche zu Wilhelmshausen. — Kasseler Tageblatt Nr. 306, 5. Nov. 1892.

Zierenberg. *Deichmann, L.*, Zierenberg. — Tourist. Mittheilungen aus Hessen-Nassau. I. Nr. 3 ff. Kassel 1892.

Verbesserungen.

Im vorigen (4.) Nachtrag ist S. 4 bei Moesta zu ergänzen: 1872, S. 4—24 d.

S. 7, Z. 2 v. u. lies: Hausinschriften statt Hausindustrie. Uebrigens steht der Titel richtig auf S. 13.

S. 8, Z. 19 füge hinzu: Nachtrag dazu Berlin 1878. 2,00.

S. 8, 14 v. u. lies: Geldstücken statt Goldstücken.

Diesem, wahrscheinlich letzten, Nachtrag mögen als Schlusswort die Verse Ovids mitgegeben werden:

Da veniam scriptis, quorum non gloria nobis
causa, sed utilitas officiumque fuit.

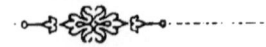

Abhandlungen.

Beobachtungen an dem Blattfloh Trioza ⸗ alacris Flor und den von demselben an den Blättern des Laurus nobilis L. hervorgerufenen Missbildungen.
(1892—1893).

Von
H. F. Kessler.

Im Anfang Juli 1892 zeigte mir der Garten-Inspektor Michel dahier einige Zweige von Lorbeerbäumen in der hiesigen »Orangerie«, an denen die Blätter bis fast zur Unkenntlichkeit verunstaltet waren, mit der Frage, was die Ursache zu dieser Missbildung sei. Erst nach genauer Betrachtung konnte ich, weil ich bis dahin solche Missstaltung am Lorbeerbaum zu sehen noch keine Gelegenheit gehabt hatte, die Vermuthung aussprechen, dass ein Blattfloh dieselbe bewirkt haben müsse. Weil die Anzahl der befallenen Bäume und Sträucher in der Orangerie keine geringe war, es also an Beobachtungsmaterial nicht fehlte, mir auch die Benutzung desselben bereitwilligst gestattet wurde, so entschloss ich mich, von da an die ganze Erscheinung im Einzelnen einer genauen Beobachtung zu unterziehen.

Die äussere Krankheitserscheinung besteht in einer Einrollung des Blattrandes nach der Unterseite hin, an den Blättchen der jüngsten Triebe anfangend. Sie erstreckt sich entweder nur auf kurze Randtheile oder auf den ganzen Blattrand der Länge nach; ebenso nimmt sie entweder nur einen schmalen Theil der einen Blatthälfte ein, und das ist am meisten der Fall, oder die Rolle erstreckt sich über die ganze Blatthälfte bis fast an die Mittelrippe. Nicht selten reicht sie von beiden Rändern aus bis hierher und ist dabei in allen Fällen mehr oder weniger missfarbig, nämlich gelbgrün, welche Farbe mit der Zeit fast ganz gelb, auch, aber seltener, röthlich wird. Mit dem Wachsen des jungen Blattes nimmt auch die Dicke des inficirten Blatttheiles zu und zwar etwa bis zum Dreifachen der Dicke des gesunden Blattes. Das Einrollen des Blattrandes wird hervorgerufen durch die Einwirkung des geflügelten Thieres auf die Blattrandzellen des jungen Blattes, vielleicht durch eine zu diesem Zwecke dienende eigenthümliche Verletzung der Randzellen oder durch Einlassen einer besonderen Flüssigkeit in das zarte, schon vorhandene Zellgewebe und zwar vor dem Ablegen der Eier; denn ich habe unter der sehr grossen Anzahl von Rollanfängen und auch vollendeten Rollen, welche ich öffnete, eine nicht kleine Anzahl gefunden, die gar nichts enthielten. Durch das blose Ablegen der Eier an den Blattrand oder durch das Saugen der aus diesen Eiern hervorgegangenen Larven entstehen die Rollen nicht, was der Inhalt der verschiedenalterigen Rollen beweist. In den jüngsten, meistens noch nicht gelb gewordenen Rollen, findet man nur Eier. Dieselben sind sehr klein, birnförmig, wasserhell, stark glänzend und liegen in der Regel in geraden Reihen längs der Rollrichtung. Diese Reihen sind nun entweder einfach, d. h. es liegt Ei an Ei in einer Linie, oder es liegen mehrere solcher Reihen dicht neben einander und bilden dann einen Streif Jeweilig befinden sich auch zwei einfache Reihen getrennt in ein und derselben Rolle. Oder im Innern der Rolle, also an einem früher entstandenen Theil derselben, sind schon lebende Thiere vorhanden, während in dem Winkel, den die noch in der Entwickelung begriffene Rolle mit dem noch eben liegenden Blattheil bildet, eine Reihe Eier liegt. — In den schon etwas weiter vorgeschrittenen Rollen findet man Eier und Larven, aber nicht etwa durcheinander, sondern stets getrennt liegend und zwar der Art, dass in einem Theil der Rolle, z. B. in der Nähe des Blattstiels, die Larven, in dem entgegengesetzten, hier also nach der Blattspitze hin, die Eier liegen. In diesem letzten Falle kommt es vor, dass die geradlinige Lage der Eier nicht vorhanden ist. In den älteren Missbildungen sind meistens nur Thiere in den verschiedensten Entwickelungsstufen beisammen, zuweilen auch noch Eier dabei und zwar an irgend einer Eingangsstelle der Rolle.

Die jüngsten und jungen Rollen sind überaus eng und deshalb sehr schwer zu öffnen. Erst wenn eine grössere Anzahl Thiere die Eischale verlassen hat, wird der Schluss der Rolle lockerer. Mit dem fortschreitenden Wachsen des missstalteten Blattes nimmt auch der feste Schluss der Rolle ab, bis sie endlich zum Entweichen der geflügelten Thiere sich theilweise öffnet. Zu dieser Zeit besteht der Inhalt der Rolle, ausser den verschiedenalterigen Thieren, aus einer wachsartigen weissen Wollmasse, einer Menge abgestreifter Häute und dem Koth der Thiere, alles mehr oder weniger getränkt mit einer kleberigen Flüssigkeit, die schon zu der Zeit sich zu bilden anfängt, wenn die ersten Thiere die Eischale verlassen haben. Dieselbe nimmt mit der Vermehrung der Thiere und dem Grösserwerden der Missstaltung, namentlich mit dem Dickerwerden der Rollwand, an Menge zu und wird in Blättern, welche von beiden Seiten her eingerollt sind, am grössten. Was die Anzahl der Eier in einer Rolle betrifft, so richtet sich dieselbe nach der Länge der Rolle und ist mitunter ganz beträchtlich. Ich zählte z. B. in einer solchen, welche 2,5 cm lang war, gegen 300 Eier.

Die in einer Rolle vorhandenen Larven sind stets verschieden weit entwickelt. Ich sah wiederholt, dass in ein und derselben Rolle Thiere eben die Eischale verliessen, andere die Anfänge der Flügelansätze schon zeigten und wieder andere mit folgenden Körpermerkmalen: Körperform elliptisch, Länge 2 mm, Farbe weissgrau, Flügelscheiden glänzend wasserhell und schon etwas vom Körper abstehend; ebenso gefärbt sind die keulenförmigen Fühler und die gegliederten Beine, bei beiden die Endglieder dunkel; Augen verhältnissmässig gross und braun. Die Thiere mit diesen Merkmalen sind der letzten Häutung nahe. Ist die Zeit zur letzten Häutung herangekommen, so begeben sich die Thiere an die Aussenseite einer Rolle oder in die Nähe einer solchen. Hierüber und über die weitere Entwickelung derselben unmittelbar nach der letzten Häutung will ich aus meinem Tagebuche einige Beispiele anführen.

»Am 27. August sah ich an einem älteren, von einer Seite her eingerollten Blatte, auf dessen Oberseite ein Thier, welches in der letzten Häutung begriffen war und schon zu drei Viertel seines Körpers aus der Haut hervorragte. Durch einige lebhafte Bewegungen gelang es ihm, auf einmal ganz heraus zu kommen, worauf es langsam sich auf die Unterseite des Blattes begab und da sitzen blieb. Die quer zusammengefalteten, am Körper anliegenden Flügel standen bald nachher etwas nach oben gerichtet ab und breiteten sich nach und nach aus, so dass die Längsader in der Mitte der Vorderflügel mit ihrer Gabel am äusseren Ende erkennbar und immer deutlicher sichtbar wurde. Durch wackelnde Bewegung des ganzen Körpers entfalteten sich die Flügel zusehens, auch wurde der anfänglich mehr runde, kugelige Hinterkörper immer mehr gestreckter, so dass das Thier mit seinem jetzt noch fast ganz weissen, glänzenden Körper, glashellen, dachig nach oben stehenden Flügeln und braunrothen Augen nach $^3/_4$ Stunden vollendet entwickelt war. An einem stark befallenen Strauch sah ich auf der Fläche mehrerer Blätter ganze Reihen von Larvenhäuten und zwar von Thieren, welche sich schon zum letztenmal gehäutet hatten. Andere Reihen bestanden aus Thieren, welche noch in der Häutung begriffen waren, die sich in der Weise, wie vorstehend schon beschrieben, vollzog. Die ausgehenden Thiere sahen alle fast farblos bis weiss aus. Die an den Blättern hängen gebliebenen Häute hatten vorn einen Längsspalt, aus welchem die Thiere entschlüpft waren.« Zur letzten Häutung verlassen also die Larven die Rolle und begeben sich in's Freie.

Der schlanke Körper des geflügelten Thieres ist 2 mm lang, seine Farbe geht in ein mattes gelbliches Grau über. Auf dem dritten Brustring, dem ersten und zweiten Hinterleibsring befindet sich je ein schwarzer kurzer Querstreif und auf den mittleren Hinterleibsringen eine hufeisenförmige, nach hinten geöffnete schwarze Zeichnung. Die zwei letzten Leibesringe laufen spitz zu. Die Flügel sind glashell. Die Vorderflügel sind in folgender Weise mit gelblich-weissen Adern durchzogen. Am Grunde des Flügels entspringt die Hauptader, welche die Mitte der Flügelfläche bis an's Flügelende durchzieht. Diese Hauptader entsendet am Ende des ersten Viertels der ganzen Flügellänge zwei Aeste in der Richtung nach den beiden Flügelrändern hin. Jeder dieser Aeste gabelt sich nicht weit vom Rand wieder in einen kurzen geraden und einen längeren gebogenen Ast in der Art, dass jeder von letzteren mit dem angrenzenden Rand eine Zelle bildet, wovon die am Innenrand des Flügels schmaler und viel länger ist als die am Aussenrand. Auch bildet die Hauptader durch eine Gabelung nicht weit vom Ende des Flügels mit diesem eine solche Zelle. Der Aussenrand des Flügels ist in seiner zweiten Hälfte noch besonders durch drei weit auseinander liegende dunkele Punkte auffällig. Die Hinterflügel sind aderlos. In der Ruhe und beim Gehen sind die Flügel dachig nach oben gerichtet, nicht am Körper anliegend. Die Fühler sind lang, nach vorn verdickt, 6 gliederig und geringelt, erstes und sechstes Glied kurz, kolbig und schwarz, die übrigen glashell, unter sich gleich lang und jedes einzelne noch einmal so lang als das erste und letzte.

Wie lange Zeit das einzelne Thier *Trioza alacris* zu seiner vollständigen Entwickelung vom Ei an nöthig hat und wie lange nachher die geflügelte Form thätig ist, namentlich wie lange und in welcher ungefähren Anzahl sie Eier legt, wie lange die Ausbildung des Embryo in der Eischale dauert etc., alles dies lässt sich wegen der Entwickelung im Innern der Blattrandrolle nicht feststellen.

In grösserer Menge auf einmal oder in kurzer Zeit erfolgt nach meinen Beobachtungen das Ablegen der Eier von einem Thier allein nicht. Ich habe keinmal Gelegenheit gefunden, ein solches im Eierlegen zu beobachten, obgleich ich mich wohl unzähligemal darum bemühte; jedesmal flog oder hüpfte das betreffende Thier weg. Auch die öftere und zu verschiedenen Zeiten vorgenommene Untersuchung des Thierkörpers auf Eier ist für mich keine glückliche gewesen. Nur einmal fand ich zwei vollkommen ausgebildete, fast hartschalige Eier in dem Hinterleib eines Thieres und zwar am 17. Oktober 1892. In allen übrigen Fällen sah ich nur Eianfänge und diese auch nur in geringer Anzahl. Hiernach scheint die Ausbildung der Eier im Mutterkörper langsam vor sich zu gehen und zwar in der Weise, dass nur eine geringe Menge auf einmal abgesetzt werden kann. Wenn trotzdem sich in manchen Rollen eine sehr grosse Menge Eier vorfindet, so kann sich diese nur dadurch hier angesammelt haben, dass eine grössere Anzahl geflügelter Thiere sich bei dem Ablegen an dieser Stelle betheiligt hat. Die Wahrscheinlichkeit hierfür wird durch folgenden Fall bewiesen: Am 5. Juli 1893 schnitt ich von einem stark befallenen Strauch eine Anzahl Missbildungen ab, woran Thiere in allen Entwickelungsstufen sich befanden, und legte sie in ein mit einem durchlöcherten Blatt Papier geschlossenes Hafenglas. Am anderen Morgen zählte ich zwischen 30 bis 40 geflügelte Thiere in demselben, welche meistens an der Glaswand, andere an den Blättern umherliefen, wobei sich die Eigenthümlichkeit dieser Thiere, beim Gehen den ganzen Hinterkörper sammt den Flügeln wackelnd rechts und links zu bewegen, ganz komisch ausnahm. Auch sah ich eine nicht geringe Anzahl Larven an der Glaswand, welche sich zum letztenmal häuteten und dabei verschieden weit vorgeschritten waren. Eine Anhäufung von Eiern in manchen Blattrollen, bezw. am Eingang derselben, ist unter solchen Umständen an dicht beisammenstehenden Zweigen im Freien sehr wahrscheinlich.

Das Eierabsetzen dauert bis in den Spätherbst hinein, denn ich fand noch am 17. Oktober in einer kleinen Rolle 20 bis 30 glänzende Eier. Eben so bleibt die Entwickelung der Larven im Gange. Noch am 23. Oktober fand ich in mehreren Rollen in der Kleb- und Wollmasse eine grössere Anzahl Thiere von den kleinsten an bis zu denen mit glänzenden Flügelscheiden, daneben auch noch drei geflügelte Thiere.

Von Ende Oktober 1892 bis zum 15. Februar 1893 stellte ich keine Untersuchungen an. An diesem Tage sah ich an der Blattrolle eines kleinen Wurzelausschlags ein geflügeltes Thier, und am 17. Februar fand ich in einer fest geschlossenen, mit Wollmasse, Häuten, Koth etc. gefüllten Rolle eine Larve mit folgenden Merkmalen: Der ganze Körper sah grau aus, an der Unterseite war derselbe heller als an der Oberseite. Hier war derselbe sammt den Flügelscheiden fein weiss bestäubt und nach Beseitigung des Staubes glänzend, ein Beweis dafür, dass das Gebilde, welches keinerlei Bewegung machte, nicht abgestorben, sondern blos lethargisch war. An den drei Paar gegliederten Beinen, an welchen Ober- und Unterschenkel einen stumpfen Winkel bildeten, war der Oberschenkel dick und an der Einlenkung am Körper am breitesten, Unterschenkel kurz cylindrisch und in eine feine Kralle auslaufend. Der Schnabel ganz kurz, am Grunde breit, plötzlich in eine feine Spitze zulaufend. — Eine Reihenfolge von abgeschlossenen Generationen findet nach diesen Beobachtungen bei Trioza alacris während der Jahresentwickelung nicht statt. Die Ueberwinterung erfolgt in den Rollen als Larve und als geflügeltes Thier.

Aus dem Entwickelungsgang der Thiere und der Ueberwinterung derselben in der Blattrandrolle ergibt sich, dass das Abschneiden und Vernichten derjenigen Blätter, welche am Rande umgebogen oder eingerollt sind, insbesondere der jüngsten, das einzige sichere Vertilgungsmittel dieses, unter Umständen argen Feindes des Lorbeerbaumes ist. Dieses Geschäft nur allein im Frühjahr vorzunehmen, ist nicht ausreichend. Die Neubildung von Blättern muss vielmehr während der ganzen Vegetationszeit im Auge behalten werden, weil das Absetzen der Eier mit dem Erscheinen der ersten Blättchen im Frühjahr beginnt und bis in den Spätherbst hinein andauert, und dabei muss selbst das kleinste am Rande missstaltete junge Blättchen beseitigt werden.

Professor Dr. Thomas publicirte in dem 40. Jahrgang der Zeitschrift für Garten- und Blumenkunde „Gartenflora" Berlin 1891 eine schätzenswerthe Arbeit über Trioza alacris mit der Ueberschrift: „Die Blattflohkrankheit der Lorbeerbäume". Danach ist das Insekt in Süd- und Mittel-Europa verbreitet. Das Vordringen desselben in die Gewächshäuser Deutschlands scheint neueren Datums zu sein und nimmt in der jüngsten Zeit immer mehr zu. In Stuttgart wurde es z. B. 1884 bekannt und um dieselbe Zeit auch in Erfurt. Hier in Cassel ist es vor 1892 nicht beobachtet worden. Ausser in der „Orangerie" wie Eingangs erwähnt, traf ich den Schädling am hiesigen Ort noch in der Kunst- und Handelsgärtnerei von Johs. Hördemann und an Lorbeerbäumen von zwei hiesigen Gasthäusern und dem Hause eines Privatmannes, vorzugsweise an Wurzelausschlägen, aber in geringer Anzahl. — Thomas bespricht auch die Frage über die eigentliche Ursache zum Rollen des Blattrandes, hat aber, selbst über diesen Punkt Beobachtungen anzustellen, keine Gelegenheit gehabt. Ich glaube bei meinen Untersuchungen hierüber dem wirklichen Sachverhalte ziemlich nahe gekommen zu sein, umsomehr, als ich fast denselben Befund auch bei den von *Psylla fraxini* L. an den Fiederblättchen von *Fraxinus excelsior* L. hervorgerufenen Rollen während des letzten Sommers wahrgenommen habe.

Woher die Blattflohkrankheit der Lorbeerbäume zu uns nach Cassel gekommen ist, habe ich nicht erfahren können.

Drei kleine entomologische Abhandlungen

von

H. F. Kessler.

1) Einige Beobachtungen aus der Entwickelungsgeschichte von Psylla fraxini L. Eschen-Blattfloh.
2) Bruchstücke aus der Entwickelungsgeschichte von Trypeta cardui L. Distel- Bohrfliege.
   (Mit einer Tafel Abbildungen).
3) Die Entwickelungs- und Lebensgeschichte von Pomphigus lonicerae Hrt., Aphis xylostei De Geer. Geisblatt-Wollllaus.

1) Einige Beobachtungen aus der Entwickelungsgeschichte von Psylla fraxini L., Eschen-Blattfloh.

Zur Zeit der Blätterentfaltung im Frühjahr entstehen am Rande der Fiederblättchen von jungen Eschen verschieden grosse Einbiegungen oder Rollen nach der Unterseite des Blattes hin, welche entweder nur einen kürzeren oder längeren Theil des Randes oder denselben ganz einnehmen. In der Anfangszeit sehen diese Rollen noch grün aus, färben sich aber bald gelblich grün und bekommen daneben rothbraune Adern und Rippen, welche Farbenänderung sich auch mit der Zeit über die angrenzenden übrigen Theile der Blattfläche ausbreitet, so dass die ganze Missbildung nicht unschön aussieht. Diese Rollen, deren Zellengewebe sich auch während der Entwickelung verdickt, enthalten anfänglich eine zarte, weisse Wollmasse, an deren Fäden ganz kleine kugelrunde, fast durchsichtige bis rein weisse Eier hängen. Aus diesen Eiern gehen Larven hervor, an denen die Körperabschnitte kaum zu unterscheiden sind, weil Kopf, Bruststück und Hinterleib fast gleich breit und die Einschnitte zwischen diesen Theilen ganz flach sind. Erst bei der weiter, fortschreitenden Entwickelung, wobei aus der trübweisslichen Grundfarbe des Körpers nach und nach die jedem einzelnen Theile eigenthümlichen schwarzen Punktzeichnungen hervortreten, sind die drei Körperabschnitte deutlich zu unterscheiden. — Später trifft man in den Rollen gleichzeitig Eier und Thiere von jeder Entwickelungsstufe an, ein Umstand, welcher die Feststellung mancher Punkte sehr erschwert, ja einiger ganz unmöglich macht, z. B. die Anzahl der Häutungen, die Dauer des Eierablegens, die Lebensdauer etc. des einzelnen Thieres. Die Larven, welche der letzten Häutung nahe stehen, haben folgende Merkmale: Körperlänge 2 mm, Hauptfarbe des ganzen Körpers grün. Von oben gesehen: Kopf klein, Augen kirschroth, Fühler $1/3$ der Körperlänge, am Grund und an der Spitze schwarz, sonst wasserhell. Ebenso sind der kurze Schnabel und die Beine am Grund und an ihren Enden schwarz, dazwischen aber wasserhell. Auf dem ersten Brustring sind zwei schwarze Punkte, am zweiten an beiden Seiten zwei schwarzumsäumte, in der Mitte grün glänzende Flügelansätze; in der Mitte des Hinterleibs befinden sich auf grünem Grunde zwei schwarze Querstreifen, während die drei letzten Leibesringe zusammenhängend schwarz sind. Der ganze Körper ist mit kurzer weisser Wolle umhüllt. Sämmtliche Thiere werden geflügelt. Die Körperlänge des geflügelten Thieres beträgt 2,25 mm. Die Flügel überragen den Hinterleib um $1/3$ ihrer Länge. Kopf und Bruststück sind schmutzig weiss, Augen kirschroth, die achtgliederigen Fühler und die Beine trübwasserfarbig, beide nach deren Ende hin dunkel werdend, Hinterleib grün und nach hinten verschmälert. Die Oberkörperseite hat folgendes Aussehen: Auf dem ersten Brustring 2 kleine, dicht beisammenstehende, dreieckige schwarze Flecken; auf dem zweiten Ring zwei weit getrennte, nullförmige schwarze Ringe, an welche sich bis in die Mitte des Hinterleibs eine urnenförmige schwarze Zeichnung anschliesst. Die zwei vorletzten Hinterleibsringe sind bläulichgrün. Der letzte Hinterleibsring hat in der Mitte ebenfalls eine schwarz nullartige Zeichnung. Die Flügel sind wasserhell. In den Vorderflügeln befinden sich am Ursprung in der Mitte eine kurze Längsader, welche sich schon im ersten Viertel des Flügels nach beiden Seiten hin bogenförmig theilt, am Innen- und Aussenrand endigt und da mit den beiden Flügelrändern je eine Zelle bildet. Von jeder dieser Zellen läuft bis an den Hinterrand eine Längsader, wovon sich diejenige am Flügelende vorher gabelt. Der Aussenrand von jedem Flügel trägt in der Mitte einen länglichen tiefschwarzen Fleck, während der ganze Hinterrand von einem breiten tiefschwarzen Band umsäumt ist. Die Hinterflügel werden von der Wurzel aus von zwei Längsadern bis an den Hinterrand durchzogen und besitzen ausserdem nur noch gleich am Ursprung des Flügels am Innenrand ein Maal, welches ¹/₃ der Flügellänge hat.

Schon gegen Ende Juni hat die Infektion an den Eschenblättern ihren Höhepunkt erreicht. Wenn man um diese Zeit die Blattrollen öffnet, so findet man in denselben nur noch wenig oder gar keine Eier mehr; die Anzahl der Larven und der geflügelten Thiere wird von jetzt an geringer; die Farbe der rothbraun geaderten Rollen wird matt, das Blattgewebe derselben welkt, der Hohlraum entvölkert sich nach und nach und wird zuletzt ganz leer; nur bleiben hier und da Wollreste darin zurück. Stark befallen gewesene Blätter vertrocknen und fallen bald ab; bei gering inficirt gewesenen werden die kranken und vertrockneten Blattheile vom Wind und Wetter abgebröckelt, so dass man schon im September nur noch wenig Reste von der Blattflohkrankheit an den jungen Eschen wahrnimmt. Grossen Schaden richtet deshalb *Psylla fraxini* L. nicht an.

2) Bruchstücke aus der Entwickelungsgeschichte von Trypeta cardui L., Distel-Bohrfliege.

Gegen Mitte September 1892 wurde mir eine Brach-Kratzdistelpflanze, *Cirsium arvense Scop.* übergeben, deren Hauptspitze sowohl als auch mehrere Enden der Aeste so auffallend verdickt waren, dass die Verdickungen aus der Ferne wie mittelstarke Stachelbeeren aussahen. Dass diese Distelform keine normale war, konnte man sofort erkennen. Die Untersuchung ergab dann auch, dass hier eine derartige Gallenbildung vorlag, wonach das Längenwachsthum der jüngsten Stengel- und Astspitzen gestört worden war und an dessen Stelle Dickenwachsthum stattgefunden hatte, hervorgerufen durch dahin abgelegte Insekteneier. Ich nahm Veranlassung, mich an den Standort der Pflanze — eine Grasfläche mit einzelnen niedrigen Büschen auf dem Kuhberg — zu begeben. Hier fand ich eine ziemlich grosse Menge Disteln, von denen eine nicht geringe Anzahl die erwähnte Missbildung trug. Behufs weiterer Untersuchung verpflanzte ich eine Anzahl derselben in Töpfe und stellte diese in einen Garten, um sie bequemer zur Hand zu haben. Es ergab sich, dass die schöne Bohrfliege *Trypeta cardui L.* ihre Eier an *Cirsium arvense Scop.* abgesetzt und dadurch die länglichrunden Gallen hervorgerufen hatte. Diese stehen theils so

1.

2.

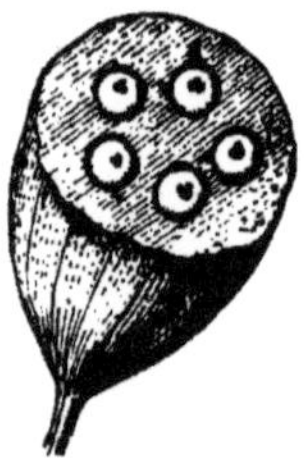

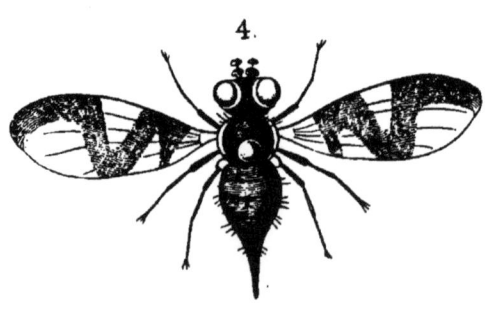

Sichtbare Larvenkammern in einer oben quer abgeschnittenen Galle i. n. Gr.

3.

n Gr.

Vergr.

4.

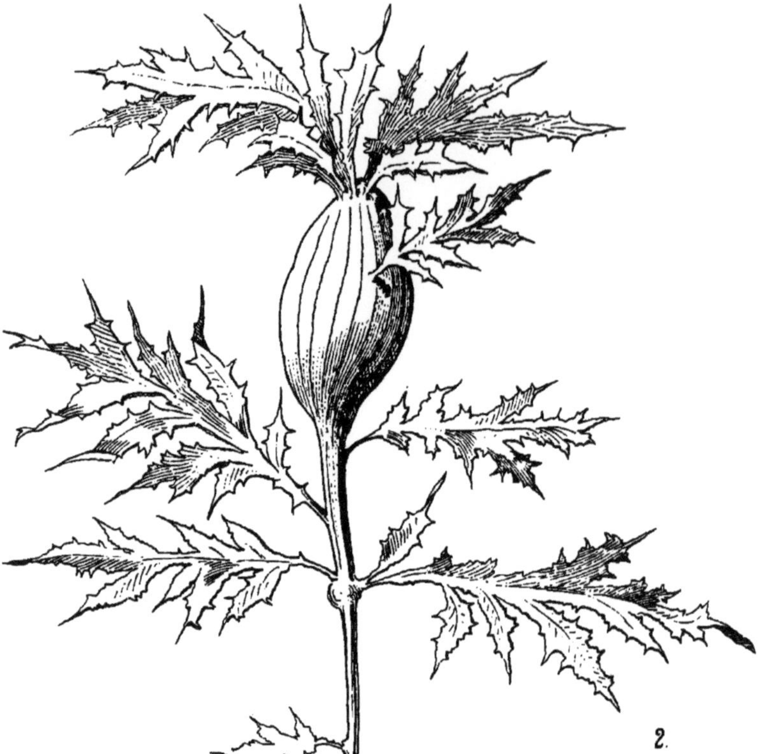

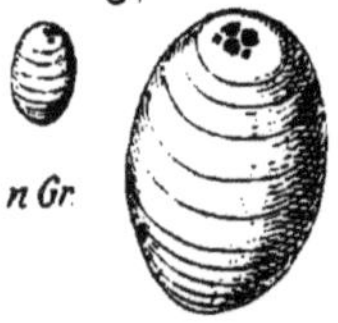

an der Pflanze, dass der Hauptstengel noch über dieselbe hinausgewachsen ist, meistens bilden sie aber das verdickte Ende des betreffenden Pflanzentheils, der oft noch auf der Galle einen Zweig- und Blätterschopf trägt. (Fig. 1.) Das Aeussere der Galle ist stets glatt, nicht etwa, wie die übrigen Theile des Stengels, stachelig. Die Substanz derselben ist im Herbst festes Holz. Ihre Grösse hängt von der Anzahl der darin befindlichen Eier ab. Um jedes Ei bildet sich nämlich für die daraus hervorgehende Larve ein röhrenförmiger Hohlraum (Larvenkammer) wovon 2 bis 4 neben einander stehen und zwar in den meisten Fällen aufrecht, parallel und in fast gleicher Höhe. (Fig. 2.)

Die ausgewachsene Larve wird 4 mm lang und 2 mm dick, ist fast ganz cylindrisch, deutlich geringelt, glänzend weiss, an dem einen Körperende abgerundet, am andern abgestutzt und mit einer unregelmässig geformten schwarzbraunen Zeichnung versehen (Vordertheil). (Fig 3.) Beine, Fresswerkzeuge, Fühler und Augen sind nicht wahrnehmbar.

Meine Beobachtungen, den Uebergang aus dem Larven- in den Puppenzustand betreffend, will ich an einem Beispiel aus meinem Tagebuch hier anführen, welches gleichzeitig für die hochgradige Lebenszähigkeit des Thieres einen Beleg liefert: „Die Verwandlung einer Larve, welche ich am 25. September aus einer Galle nahm und in einem kleinen Gefäss, nur mit einem Papierstückchen bedeckt, aufbewahrte, hatte am 9. November, also nach 6 Wochen, folgenden Verlauf: das Thier welches während dieser Zeitdauer selbstredend ohne Nahrung geblieben, durch öfteres Anfassen, Wenden und Drehen aber vielmal beunruhigt worden, dabei indessen äusserlich ganz unverändert, also glänzend weiss geblieben war, sah an diesem Tage trübweiss aus, was mir auffiel. Mit der Loupe betrachtet, sah ich dann am ganzen Körper unter der Haut braungelbe Punkte und Fleckchen von verschiedener Form und Grösse, welche sichtlich grösser und dunkeler wurden und endlich in einander übergingen, so dass sich das Thier nach und nach hellbraun färbte Gleichzeitig wurden mit dieser Farbenänderung auch die Vertiefungen zwischen den einzelnen Körperringen immer undeutlicher, und so sah ich vor meinen Augen während einer Zeit von ungefähr zwei Stunden die braune, glatte und glänzende Tonnenpuppe von *Trypeta cardui* entstehen. Eine Häutung des Thieres fand vorher nicht statt, auch kein etwaiges Einschrumpfen der Larvenhaut, wohl aber die Ablagerung und Erhärtung eines flüssigen Stoffes auf der Innenseite der

Körperhaut. Diese Ablagerung wird im Laufe der Zeit zur eigentlichen Puppenhaut, die man dann, wenn die Fliege ihre Hülle verlassen hat, als überaus zartes, durchsichtiges Häutchen in der nunmehr zur Puppenhülle, zum Cocon gewordenen ursprünglichen Larvenhaut liegend findet. — Der Cocon öffnet sich beim Ausgehen der Fliege am Kopfende durch unregelmässige Risse, wodurch auch deckelartige Theile entstehen können. An zwei leeren Puppenhüllen sah ich an dieser Stelle nur einen Querspalt, durch welchen die Thiere entwichen waren. — Was die Stellung der Puppe in der Galle betrifft, so ist das Kopfende immer nach oben gerichtet. Die Holzgalle selbst öffnet sich auch unregelmässig am oberen Theil.

Beschreibung der Fliege: (Fig. 4.) Körperlänge 6—7 mm., Kopf halbkugelig, braungrau; Fühler braun, kurz mit dunkelerem Endglied, stehen zwischen den sehr grossen grünen, hellgrau umsäumten Augen, welche den grössten Theil des Kopfes einnehmen; Rückenschild matt schwarzgrau, an beiden Seiten mit einem mattgelben Streif begrenzt; Schildchen glänzend gelb, ebenso die beiden Schwingkölbchen; der Hinterleib glänzend schwarz. An demselben sind 4 verhältnissmässig breite Ringe zu unterscheiden, der fünfte fein geringelte Leibesring ist fast so lang, wie die vier vorhergehenden zusammengenommen; derselbe verschmälert sich immer mehr, so dass der ganze Hinterleib in eine sanft nach oben gebogene Spitze ausläuft. An den Beinen ist der Oberschenkel glänzend schwarz, die Schienen röthlich gelb, die Endkralle schwärzlich. Alle Körpertheile sind spärlich mit langen Borstenhaaren besetzt. Jeder der beiden Flügel ist von vier Längsadern durchzogen. Die Grundfarbe derselben ist weiss. Auf diesem weissen Grund liegt aber ein breites schwarzes Band, welches am Hinterende des Flügels beginnt, erst nach dem Aussenrand, dann nach dem Innenrand und wieder nach dem Aussenrand in Bogen verläuft, um von da in grader Richtung in der Nähe des Innenrandes zu endigen. — *Trypeta cardui* L. hat ein überaus interessantes Aeusseres.

3) **Die Entwickelungs- und Lebensgeschichte von Pemphigus lonicerae Hartig, Aphis xylostei De Geer. Geisblatt-Wolllaus.**

Wenn wir beim Beginn des Frühjahrs die Ziersträucher unserer Garten- und Parkanlagen einer Besichtigung unterziehen, so finden wir an manchen Straucharten beim Hervortreten der ersten Blätter, dass manche derselben sich alsbald an der Spitze oder an einer oder an beiden Seiten mehr oder weniger umbiegen, so dass an diesen Stellen kleine Umschläge oder Anfänge zu Blattrollen entstehen, welche mit dem Wachsen des Blattes ebenfalls grösser werden. Oeffnet man diese Missbildungen, so findet man, je nach der Strauchart, verschiedene Lebewesen in denselben, am meisten junge Blattläuse, welche sich alsbald zu ihrem Schutze, je nach der Art, mit Wollstaub, mit einzelnen Wollfäden oder mit einer zusammenhängenden lockeren Wollmasse umgeben. Am auffallendsten macht sich während der weiteren Entwickelung durch dieses Schutzmittel die Gattung *Pemphigus*, Wolllaus, insbesondere die Art *P. lonicerae Hartig*. Schon seit einer ganzen Reihe von Jahren beobachtete ich dieselbe alljährlich in der Voraue dahier nur an vereinzelten Lonicerasträuchern, im laufenden Jahre aber (1893) an sehr vielen, insbesondere an *L. xylosteum* und *L. tatarica*, auch an einer Menge dieser Sträucher in Privatgärten.

Das erste dieser Thiere fand ich am 8. April in der umgebogenen Spitze eines Heckenkirschenblattes. Dieses Thier hatte sich schon zweimal gehäutet. Die abgestreiften Häute, sammt der Wolle lagen nämlich neben ihm. — Der ganze Körper solcher im Jahre zuerst erscheinenden Thiere ist dunkelgrün und dabei weiss bestäubt, die Beine, die fünfgliederigen Fühler, der Schnabel, die Augen und das Schwänzchen dagegen schwarzgrau. Der Schnabel reicht bis zwischen das dritte Beinpaar. Die weisse Körperbestäubung bildet sich aber zu einem zarten weissen Wollpelz aus, durch welchen die Gegenwart des Thieres in der Blattumbiegung verrathen wird. Von dem Thierkörper sieht man nichts. Man findet in solchen Blattrandmissbildungen meistens nur 1 Thier, nicht selten aber auch 2, 3 und mehr zusammen, welche entweder gleich- oder verschieden gross, aber nicht etwa Alte mit ihren Jungen sind. Es sind Thiere von verschiedenem Alter, welche sich nach dem Verlassen der Eischale hier zusammen gefunden haben. Je nach dem Standort des Strauches und nach den Witterungsverhältnissen entwickeln sich diese Thiere mehr oder weniger rasch. Schattiger Stand und feuchte warme Witterung befördern das Wachsthum derselben. Sie häuten sich dreimal. Nach jeder Häutung nimmt die Ausschwitzung der Wollhaardecke auf der Oberseite des Körpers, namentlich auf dem Hinterleib, zu. Gleichzeitig wird die Blattrandumbiegung lockerer und hebt sich, so dass die Wollmasse zu Tage tritt. In diesem Stadium ist das Thier ausgewachsen und enthält

Hunderte von Embryonen, welche verschieden weit entwickelt sind, die hintersten im Leibe am weitesten. Das Gebären von lebenden Jungen beginnt. Am 18. Mai d. J. fand ich in der Wolle, wovon das Thier umgeben war, schon eine Anzahl junger, rein grüner Thierchen. Entfernt man von einem solchen Mutterthier die Wolle, so zeigt dasselbe folgende Merkmale: Körperlänge 3 mm, auffallend dick, eiförmig, lebhaft dunkelgrün, die Beine, die fünfgliederigen Fühler, die Augen, der Schnabel dagegen und das Schwänzchen schwarzgrau. Die Hunderte, von solchen Thieren abgesetzte Jungen bilden sich alle zu geflügelten Wollläusen aus, und diese sind es, welche während ihrer Entwickelung die weissen Wollhaarmassen an den Blättern, Zweigen, Aesten und sogar Stämmen der Lonicerasträucher hervorrufen. Die **Nymphen** derselben haben kurz vor der vierten Häutung folgende Merkmale: Der Körper ist 3 mm lang, walzenförmig und reingrün, der Kopf etwas dunkeler, Beine, Fühler und Schnabel trüb wasserfarbig, Flügelscheiden schwarzgrau. Der Schnabel reicht bis an den zweiten Brustring und ist am Grunde und an der Spitze schwarzgrau, ebenso werden die Fühler nach der Spitze hin dunkeler. Die Augen sind dunkelbraun. Auf den Hinterleibsringen befinden sich kreisrunde Wärzchen, aus welchen die langen Wollbüschel entspringen; ausserdem ist der ganze Körper leicht weiss bestäubt. — Beim **geflügelten Thiere** sind die Grössenverhältnisse der Körpertheile im Allgemeinen dieselben, wie bei der Nymphe. Die übrigen Körpereigenschaften desselben sind folgende: Der Kopf ist schwarz, die Augen braunroth, das Bruststück schwarz und hat auf der Oberseite 3 Wülste. Der ganze Hinterleib ist oben und unten graugrün. Die braungrauen Fühler sind 6gliederig. Die beiden ersten Glieder sind kugelig das dritte cylindrisch, so lang wie das 4. 5. und 6. zusammen, diese beiden letzteren unter sich gleich lang, das 4. ist kürzer als jedes einzelne von diesen letzteren. Die Beine sind braungrau, an den Gelenken fast schwarz. Die Flügel überragen in der Ruhe und beim Laufen den Hinterleib um $^1/_3$ ihrer Länge. Die Vorderflügel werden von der Unterrandader aus von 4 Schrägadern durchzogen. Die erste derselben bildet mit dem Aussen- und dem Innenrand des Flügels ein gleichschenkeliges Dreieck, die zweite entspringt ganz in der Nähe der ersten und endigt in der Mitte des Innenrandes, die dritte ist ganz gerade und am längsten, sie halbirt fast, so zu sagen, die ganze Flügelfläche, die vierte ist gebogen und bildet mit dem oberen Theil des Hinterrandes eine Ellipse. In den viel kleineren Hinterflügeln befinden sich nur zwei Schrägadern, welche im ersten Viertel der Oberrandader dicht neben einander eutspringen und wovon die erste in gebogener, die zweite in grader Richtung nach dem Innenrand hin verläuft.

Die geflügelten Thiere verlassen im Anfang Juli ihre bisherige Nährpflanze und müssen jedenfalls ihre Brut an eine andere Pflanzenart absetzen, weil man an den Lonicerasträuchern während der ganzen Sommerzeit keine Pemphigusthiere mehr findet. Dieselben bringen auch eine Menge Junge zur Welt. Ein Thier, welches ich am 29. Juni in ein Glas allein brachte, hatte am 2. Juli Vormittags schon 43 Junge abgesetzt, und beim Zerlegen desselben fand ich noch 38 meistens zum Austreten reife Embryonen in dem Hinterleib. Diese überaus kleinen, kaum 0,5 mm. langen Thierchen sind weissgelb, Augen hellroth, Beine, Fühler und Schnabel wasserhell. Letzterer reicht bis ans Ende des Hinterleibs. Alle Körpertheile sind mit wolligem weissem Staub bedeckt. — An welcher Pflanzenart sich diese Thiere nun während der Sommerzeit weiter entwickeln, das aufzufinden ist mir bis jetzt, trotz alljährlichem Nachforschen während einer Reihe von Jahren, noch nicht gelungen. Von den auf *Populus dilatata Ait.* und *P. nigra L.* lebenden Pemphigusarten habe ich im Jahr 1880 nachgewiesen [*]), dass sie im Juli die Pappeln verlassen und im Herbst wieder auf dieselben zurückkehren, was ich wiederholt beobachtete. Bei ihrer Ankunft umschwärmen sie nämlich zunächst den Baum, namentlich im Sonnenschein, und lassen sich dann in den Rindenrissen nieder. Hier bringen sie geschlechtlich getrennte Junge zur Welt, von denen das weibliche Thier ein Ei in der Art absetzt, dass es nach und nach abstirbt und sein Kadaver dann demselben während der Winterzeit als schützende Hülle dient. Dass dies auch bei *Pemphigus lonicerae* der Fall sei, davon mich durch eigene Anschauung zu überzeugen, ist bis hierher für mich noch eine zu lösende Aufgabe geblieben. Das alljährliche Wiedererscheinen der Thiere an denselben Sträuchern spricht indessen für die Uebereinstimmung in der Verwandlung der in Rede stehenden Art mit den übrigen Gattungsverwandten. Dass der Entwicklungsgang bei ihr ein anderer sein sollte, ist doch nicht wohl anzunehmen.

Das erfolgreichste Vertilgungsverfahren dieser überaus lästigen Wolllaus besteht darin, dass man im Frühjahr zur Zeit der Blätterentfaltung diejenigen jungen Blätter von den Sträuchern abschneidet und vernichtet, an deren Rand Ver-

---

*) XXVIII. Bericht des Vereins für Naturkunde zu Kassel S. 36 ff.

unstaltungen entstehen. Mit einem einzigen solcher Blätter wird das spätere Erscheinen von Hunderten der Wollläuse verhütet. Mit diesem Reinigen der Sträucher so lange zu warten, bis die Wollstellen schon sichtbar werden, ist unpraktisch, hat in der Regel auch nur geringen Erfolg.

Über kämpfende Käfermännchen.

Von

Dr. med. L. Weber.

Im 6ten Hefte der Entomol. Nachrichten von Karsch 1892 theilt C. Verhoeff-Bonn eine interessante Beobachtung über kämpfende und gesellige Bienenmännchen der Solitärbiene *Anthophora pilipes* mit. Wenn nun Verhoeff sagt, dass über Kämpfe der Männchen um den Besitz der Weibchen, wenn man von Säugethieren und Vögeln absieht, noch sehr wenig beobachtet und mitgetheilt ist, so dürfte der Hinweis einiges Interesse beanspruchen, dass in der unter den Käfern in vieler Hinsicht am hochentwickelsten dastehenden Familie der *Scarabaeiden* und den diesen nahe stehenden *Lucaniden* *) ähnliche Kämpfe bekannt sind. Besonders bei *Lethrus apterus Laxm.* sind diese Kämpfe sehr schön zu beobachten, wie schon vor längerer Zeit Gistel**), sowie Erichson***) kurz berichten, letzterer auf Koy's Angaben fussend. Im Jahre 1891 hatte ich bei meinem Aufenthalt in Ungarn Anfangs Mai auf den Ofener Bergen (*Pozsony hegy*, *Széchenyi*, *Kis hárs hegy* u. s. w.) mehrfach Gelegenheit dieses Thier kennen zu lernen. *Lethrus* pflegt Anfangs April zu erscheinen

---

*) Ausführliche Schilderungen s. Taschenberg in *Brehm's* Thierleben, bei *Lucanus cervus*.
**) *Gistel*, Pleroma zu den Mysterien der europäischen Insektenwelt. *Straubing*; 1856. p. 93.
***) *Erichson*, Ins. Deutschl. III. p. 742.

und findet die Begattung im Frühjahr statt. Man sieht ihn in den heissen Mittagsstunden im Sonnenschein äusserst geschäftig auf Wegen umherlaufen. Berührt man ihn, so geht er rückwärts mit grosser Geschicklichkeit. Ich fand, dass der Boden mancher der in Folge von Reblausverwüstungen brachliegenden Weinberge wie siebartig mit fingerstarken Löchern versehen war, welche zu der Erdhöhle führten, die sich die Käfer graben, um das Begattungsgeschäft zu verrichten*). Diese Erdhöhle geht in schräger Richtung mitunter 1 Fuss tief in die Erde und wird je von einem Pärchen bewohnt. In die Höhle schleppt das Männchen rückwärts laufend junge Rebenabschnitte, Taraxacumstengel, Blätter und kleine Holzstückchen, welche es mit den scharfen, grossen Mandibeln abzwickt (daher der Name „Rebenschneider".) Vor der Öffnung der Höhle, in welcher, wie gesagt, im Mai die Begattung vollzogen wird, finden die heftigsten 20—30 Minuten dauernden Kämpfe statt, wenn ein fremdes Männchen einzudringen versucht oder das arbeitende Männchen stört. Wie zwei Kampfhähne stehen die beiden Thiere voreinander mit erhöhtem Vordertheile des Körpers, die Vorderbeine gespreizt und auf einen Angriff lauernd. Mit festem Griffe kneift der eine mit seinen kräftigen, grossen Kiefern den Gegner, wo er sich eine Blösse gibt und mit Verlust von Tarsen und Schenkeln verlässt öfters der Besiegte den Kampfplatz, noch längere Strecken von dem Sieger verfolgt. So wüthend verbissen sind die Kämpfer, dass man sie aufnehmen kann, ohne dass sie einander loslassen. Gistel behauptet sogar l. c., dass die Weibchen das protegirte Männchen mit dem hintern Theile stiessen und so zu erbittertem Kampfe reizten. Davon habe ich nichts gesehen, obwohl ich längere Zeit diesen höchst interessanten Kämpfen zugesehen habe.

Ähnliche Kämpfe, wie die eben beschriebenen, sollen auch von *Ateuchus sacer*, dem bekanntlich von den alten Ägyptern als Sinnbild der Tapferkeit und des Familiensinns göttlich verehrten *Scarabaeiden*, ausgefochten werden. Jeder Sammler weiss, dass in Bezug auf die Tarsen unverletzte Männchen von *Ateuchusarten* schwer zu haben sind und geben die zur Begattungszeit stattfindenden Kämpfe eine genügende Erklärung für diesen Befund. Escherich**) beobachtete ein Pärchen von *Ateuchus sacer* bei der Arbeit, die bereits geformte Eipille zu vergraben. Es erschien ein

---

*) An denselben Lokalitäten fand ich im Mai 1893 nur ganz wenig *Lethrus-löcher* und wenig ausgebildete Thiere. Der Winter war sehr langanhaltend gewesen.
**) Societ. entomolog. 1892. No. 12.

fremdes Männchen, welches nach heftigem Kampfe, dem das
Weibchen mit stoischer Ruhe zusah, von der ausgeschaufelten
Höhle Besitz nahm, während das rechtmässige Männchen mit
Verlust der Tibien und Tarsen der Hinterbeine den Kampfplatz verliess. Das Weibchen folgte dem stärkeren Männchen
in die Erde. Endlich will ich nicht unerwähnt lassen, dass
wir um derartige Kämpfe zu sehen, nicht in die Ferne zu
schweifen brauchen Wer Glück hat, kann auf dem Burg-
berge bei Gudensberg ebensolche Scenen zwischen den
Männchen des dort allerdings nicht häufig vorkommenden
Sisyphus Schäfferi sich abspielen sehen. Es ist freilich
schon eine Reihe von Jahren her, dass ich Beobachtungen
dort gemacht habe, allein ich erwähne sie hier, weil man
nirgends in der Literatur solche Kämpfe bei dieser Art erwähnt findet.